Maren Stolte / Sebastian Marcks

DER KLEINE LERNBEGLEITER

Brummis Lerntechniken
Nutze dein Gehirn,
so gut du kannst

Band 2

IMPRESSUM

Bibliografische Information der Deutschen Nationalbibliothek
Die Deutsche Nationalbibliothek verzeichnet diese Publikation in der Deutschen
Nationalbibliografie; detaillierte bibliografische Daten sind im Internet über
http://dnb.d-nb.de abrufbar.

© by WOCHENSCHAU Verlag
Schwalbach/Ts., 2011

www.wochenschau-verlag.de
www.kleiner-lernbegleiter.de

Satz und Layout: Ohl Design

Illustrationen: Nico Süß,
davidundderriese - fotolia.com (S. 18)

Gesamtherstellung: Wochenschau Verlag

ISBN 978-3-89974667-9

INHALT

VORWORT

Liebe Leserin, lieber Leser,

Der kleine Lernbegleiter ist anders als das, was du bisher zum Thema *Lernen* kennengelernt hast. Denn hier geht es nicht nur darum, wie du besser lernst, sondern darum, wie du mehr Spaß dabei hast.

Und wer könnte dir alles besser erklären als Brummi, dein eigenes Gehirn? Denn Brummi will alles, was du siehst, hörst oder liest verarbeiten. Er erzählt dir im Buch selbst, wie das am besten geht. Du wirst sehen: mit Brummis Erklärungen macht dir Lernen mehr Spaß und du wirst schnell merken, dass es besser geht. Das liegt auch daran, dass du in diesem Buch viel mitmachen kannst und zwar in dem Tempo, das für dich richtig ist. Es gibt Erklärungen, Übungen und Tipps in der Geschichte von Brummi, deinem Gehirn. Du kannst das Buch ganz normal von vorn nach hinten durchlesen oder aber auch an den Stellen, an denen dieses Zeichen auftaucht, vor- oder zurückblättern, wenn dich etwas besonders interessiert oder du etwas noch einmal genau nachlesen möchtest.

In Band 1 lernst du, wie du dich gut motivieren und konzentrieren kannst. In Band 2 erzählt dir Brummi von Lerntechniken, mit denen du dir alles besser merken kannst. Band 3 zeigt dir, wie du zu Hause deine Arbeit besser organisieren kannst.

Wir wünschen dir viel Vergnügen beim Lesen!

Maren Stolte und Sebastian Marcks

Liebe Eltern, liebe Lehrer,

Der kleine Lernbegleiter geht deutlich über die gängigen *Lernen lernen*-Angebote hinaus. Er vermittelt nicht nur Lerntechniken wie Memorier-, Verarbeitungs- und Wiederholungsstrategien, sondern stellt die Persönlichkeitsentwicklung in den Vordergrund. In der Rolle des Ich-Erzählers erklärt das eigene Gehirn, **Brummi**, wie es Gelerntes besser verarbeitet. Und jeder kann mitmachen: Fortschritte werden sichtbar durch Selbstbewertungsraster und Vorher-Nachher-Vergleiche mit Erklärungen 💡, Übungen ◎, Tipps ☞ und mehr.

Band 1 zielt darauf ab, sich selbst und seinen Lerntyp kennenzulernen. **Band 2** vermittelt viele neue Lerntechniken und **Band 3** konzentriert sich auf die Selbstorganisation und das Lernen zu Hause. Die Bücher sind so konzipiert, dass Kinder ab 10 Jahren ohne Unterstützung eigenständig und selbstbestimmt darin lesen und arbeiten können. Die hohe Identifikation durch den Ich-Erzähler fördert die Lernbereitschaft und verhilft zum Lernerfolg. Lernen wird Ihren Kindern und Schülern für die Zukunft leichter gemacht.

Wir wünschen Ihren Kindern und Schülern viel Vergnügen beim Lesen.

Maren Stolte und Sebastian Marcks

....
....
....
....
....
....

Hallo, ich bin es wieder, dein Gehirn. Willkommen in Band 2 des Lernbegleiters. Damit du dich an mich erinnerst: mein voller Name ist Zerebrumm, aber du darfst mich gerne Brummi nennen. Je mehr du über mich weißt und darüber, wie ich Dinge verarbeite und abspeichere, umso leichter wird dir das Lernen fallen und umso mehr Erfolge wirst du dabei feiern können und umso mehr kennst du auch dich selbst. Daneben ist es wichtig, dass du regelmäßig überprüfst, welche Lerntechniken du kennst und anwendest. Bevor es damit losgeht, möchte ich dir noch etwas über das Lernen ins Gedächtnis rufen.

💡 Erklärung

Also, das Lernen ist für mich wie ein Puzzle herstellen. Und damit mein ich nicht nur das Zusammenbauen der Puzzleteile. Nein, ich stelle sogar die einzelnen Teile des Puzzles selbst her! Und das geht so: Immer, wenn du etwas erlebst oder ausprobierst oder entdeckst, dann senden deine Augen, Ohren, deine Muskeln und so weiter Informationen zu mir. Aus diesen Informationen forme ich dann die Puzzleteile.

Jedes davon enthält dann eine kleine Portion an Informationen, so wie auf den Puzzleteilen, die du kennst, ein  kleiner Ausschnitt des Bildes ist, aus dem das Puzzle zusammengesetzt wird. Je besser du dich auf die Dinge, die du machst, konzentrierst, umso besser gelingen mir die Puzzleteile und umso besser kann ich sie auch zusammensetzen.

Wie gut du dich konzentrieren kannst und wie motiviert du zum Lernen bist, hängt vor allem von deiner Entscheidung ab. Wenn du mehr darüber erfahren möchtest, dann siehe in Band eins mit dem Titel „Das Motivationsgeheimnis" nach.

Nun lass uns aber zu den Lerntechniken kommen. Bewerte anhand der folgenden Aussagen auf der nächsten Seite ganz ehrlich und selbstkritisch, wo du aktuell stehst. Vielleicht fallen dir auch Dinge ein, die du zum Thema Lernen wichtig findest, die hier noch nicht stehen. Dann trage sie auf den beiden folgenden Seiten in die freien Felder der Tabelle ein – egal ob es Dinge sind, die du besonders gut kannst oder Dinge, die du noch gern verbessern möchtest.

Keine Panik, wenn du mit diesen Begriffen noch gar nichts anfangen kannst! Ich erkläre sie dir in den folgenden Kapiteln noch ganz genau. Und falls du extrem neugierig bist: In der Spalte ganz rechts kannst du nachschauen, in welchem Kapitel ich das erkläre.

	Aber total! Daran besteht kein Zweifel.	Ja, das kann ich schon mit gutem Gewissen behaupten.
Ich weiß, welcher Lerntyp ich bin und wie ich mir etwas besonders gut merken kann.		
Ich kenne verschiedene Lerntechniken, -strategien, -methoden und wende sie an.		
Ich kann Mindmaps erstellen und damit lernen.		
Ich lasse mich beim Arbeiten und Lernen nicht ablenken (z.B. durch Anrufe, SMS, Internet, Fernsehen, Geschwister).		
Ich kann mir meinen Nachmittag gut einteilen, so dass genügend Zeit zum Lernen und auch für Pausen bleibt.		
Ich weiß, wie es mir beim Lernen geht, und ich kann das auch gut in Worte fassen.		
Ich wiederhole das Gelernte nie, weil ich weiß, was ich tun muss, damit mein Gehirn eine Information wiederholt.		
Ich kann den Inhalt von Texten gut zusammenfassen und das Wesentliche wiedergeben.		
Ich kann Unterschiede beim Vergleich von Texten schnell und genau benennen.		

Stimmt immerhin manchmal ein wenig.	Wenn ich ehrlich bin: eher nicht!	Wäre schon ein bisschen gelogen, wenn ich das behaupte.	Wen meinen die? Mich garantiert nicht!	*Mehr dazu verrat ich dir in Band/ Kapitel*
				I/5
				II/2
				II/2
				III/5
				II, 8; III, 3; III, 5
				II, 5
				II, 7
				II, 3
				II, 3

Überlege dir nun, welche Punkte (ca. 3-5) du in nächster Zeit unbedingt verbessern möchtest, und markiere diese Punkte in der Tabelle mit einem Textmarker in deiner Lieblingsfarbe. Nimm bitte wirklich nicht mehr als fünf, damit du dich auch auf diese Punkte konzentrieren kannst.

Was möchtest du ändern und erreichen? Formuliere deine Ziele so, dass du nach Erreichen des festgelegten Datums ganz eindeutig sagen kannst, ob du das Ziel erreicht hast oder nicht.

✐ Tipps, wie man Ziele richtig formuliert, findest du in Band I, Kapitel 3.

Bis wann möchtest du diese Ziele umgesetzt haben? Notiere einen bestimmten Zeitpunkt.

Wer kann dir dabei helfen? Von wem wünscht du dir Unterstützung?

Womit wirst du dich belohnen, wenn du das Ziel erreichst?

Na los, schreib ruhig noch etwas hin! Belohnen ist wichtig! Ich habe dafür sogar eine ganze Region in mir reserviert. Sie heißt „Belohnungszentrum". Und jetzt: Erhol dich erstmal.

Ich hoffe, du hast nach dem letzten Kapitel eine ordentliche Pause gemacht, dich vielleicht an der frischen Luft bewegt und dich vor allem mit anderen Dingen beschäftigt. Wenn du Pausen machst, dann habe ich genug Zeit, um die ganzen Informationen erst einmal wegzusortieren. Und die brauche ich auch!

Mehr dazu erzähle ich dir später noch in Kapitel 8.

Jetzt geht es mir aber um ein anderes Thema. Ich wollte dir schon länger erzählen, wie man sich die Dinge, die man behalten möchte, besonders gut merken kann und damit

erstens viel Zeit am Schreibtisch einspart,

zweitens beim Merken viel mehr Spaß hat als bisher und

drittens die Sachen auch noch besser behalten kann als zuvor.

Bist du neugierig geworden?

Gut, dann geht es jetzt gleich los.

Zuerst will ich dir aber noch etwas von mir berichten, damit keine Missverständnisse auftauchen. Also, ich erzähle dir ja ausgiebig alles Mögliche über mich und meine Freunde, die anderen Gehirne. Du hast also schon so einiges über mich und uns erfahren. Ganz sicher hast du

13

schon mitbekommen, dass ich gerne und viel und vor allem über mich selbst rede. Den anderen Gehirnen geht es übrigens genauso.

Du erinnerst dich sicher, dass ich viel puzzele und dabei auch fast immer mit mir selbst rede. Ich plappere ständig vor mich hin. Das hilft mir beim Puzzeln. Aber das weißt du ja schon und ist soweit nicht viel Neues für dich. Das Neue kommt jetzt:

Erklärung

Wenn ich so vor mich hin rede, dann mache ich das meistens nicht mit Worten, sondern mit Bildern. Vielleicht hast du bisher immer gedacht, dass das Denken immer in Worten und Sätzen vor sich geht, dass es also genauso funktioniert wie das Sprechen. Das stimmt aber nicht. Nur ein recht kleiner Teil des Denkens geschieht in Sprache, alles andere geht bildlich vor sich. Ich bin ein echter Bilder-Fan! Wenn du es dir und mir beim Lernen also leicht machen willst, dann versuchst du, dir so viel wie möglich bildlich vorzustellen. Und auch die Lernmethoden, die ich dir jetzt gleich vorstelle (du kannst auch Lerntechniken oder Lernstrategien dazu sagen), haben alle etwas mit Bildern zu tun.

Eine sehr einfache Methode, sich Sachen in einer bestimmten Reihenfolge zu merken, ist die so genannte Loci-Methode. Und die geht so:

 **TIPP**

Bevor du dich überhaupt mit den Sachen, die du dir merken möchtest, beschäftigst, denkst du jetzt erst einmal an einen Weg, den du häufig gehst oder mit dem Rad fährst, zum Beispiel den Weg zur Schule, zu einem Freund, zum Sportverein oder Ähnliches. Stell dir bildlich vor, wie du diesen Weg entlanggehst und an welchen Gegenständen du vorbeikommst. Ganz oft ist es so, dass bestimmte Orte oder Gegenstände auf einem Weg, den man oft geht oder fährt, immer wieder besonders auffallen. Um diese Orte oder Gegenstände geht es. Unterwegs passierst du vielleicht einen Zebrastreifen, ein paar Meter weiter ist eine Bushaltestelle, dann kommt ein Postkasten oder eine schiefe Laterne. Später kommst du vielleicht noch an einem kaputten Zaun vorbei und so geht es immer weiter, bis du am Ziel angekommen bist. Versuche, dir den Weg so genau wie möglich vorzustellen und mache dafür vielleicht sogar die Augen zu, damit es besser klappt.

Wenn du nun diesen Weg in Gedanken gehst, dann „erscheinen" die Orte und Gegenstände auf dem Weg nacheinander. Egal wie oft du dieses Gedankenexperiment machst, die Reihenfolge und Anzahl der Orte und Gegenstände bleibt immer gleich.

 **Übung**

Schreibe oder male hier diesen Weg auf und hebe die Orte und Gegenstände hervor, an denen du vorbeikommst, zum Beispiel indem du sie dicker malst oder schreibst als den Rest.

Diesen Weg mit seinen Orten und Gegenständen kannst du nun immer wieder nutzen, um dir Sachen in einer bestimmten Reihenfolge zu merken. Lass uns das an einem Beispiel betrachten. Ich nehme eines aus der Biologie. Angenommen du möchtest dir die Begriffe „Blütenboden", „Kelchblätter", „Kronblätter", „Staubblätter" und „Fruchtblätter" merken.

 **Erklärung**

„Kelchblätter", „Kronblätter", „Staubblätter" und „Fruchtblätter" sind die biologischen Fachausdrücke der Teile einer Blüte.

Dann stellst du dir jetzt bildlich (!) vor, dass du den Blütenboden bei dem ersten Ort oder Gegenstand, den du dir eingeprägt hast, auf deinem Weg ablegst. Danach legst du in Gedanken die Kelchblätter an dem zweiten Ort oder Gegenstand ab und so weiter. Es funktioniert besonders gut, wenn du dabei lustige Bilder kreierst, z.B. „die Kelchblätter kleben an der Straßenlaterne".

....
....
....
....
....
....

Versuche, es dir so genau wie möglich vorzustellen und sage es dir vielleicht dabei laut vor. Wenn du alle Begriffe untergebracht hast, gehst du den Weg in Gedanken noch ein- oder zweimal ab und versuchst, dich an die abgelegten Begriffe an deinen Orten oder Gegenständen zu erinnern. Vielleicht machst du zur Sicherheit noch einen dritten Versuch. Danach kannst du's!

Wenn du dich – zum Beispiel im Unterricht – dann wieder an die Begriffe erinnern möchtest, dann gehst du wieder in Gedanken den Weg ab und findest die Begriffe bei deinen Gegenständen wieder.

Probiere es auf jeden Fall einmal aus! Das ist eine Methode, die ziemlich viel Spaß macht und prima funktioniert, vor allem, wenn man schon ein wenig Übung damit hat. Du kannst diese Methode zum Auswendiglernen für alle möglichen Schulfächer benutzen. Natürlich ist es damit aber auch möglich, dass du dir eine Einkaufsliste merkst oder auch eine To-do-Liste, das ist eine Liste mit den Aufgaben, die du heute noch erledigen möchtest.

Und ich verrate dir jetzt noch eine Variante zu dieser Methode, die manche noch lustiger finden: Anstatt dir die Gegenstände auf einem bekannten Weg zu merken, nimmst du einfach bestimmte Stellen an deinem Körper.

TIPP: Du fängst zum Beispiel bei den Zehen an, nimmst dann die Fußgelenke, die Knie, die Hüfte, den Bauch, die Arme, den Hals und den Kopf. Welche Körperteile du nimmst, ist egal. Wichtig ist nur, dass du auch hier wieder in Gedanken in einer bestimmten Richtung vorgehst, damit du eine feststehende Reihenfolge der Körperteile erhältst. Auch die kannst du, wenn du möchtest, wieder aufmalen oder aufschreiben und dabei die Körperteile, an denen du die Begriffe ablegen möchtest, hervorheben.

Bei unserem Blütenbeispiel würdest du dann den *Blütenboden* auf den Zehen ablegen, die *Kelchblätter* an den Fußgelenken, die *Kronblätter* an den Knien und so weiter. Und: Du würdest dir das wieder möglichst bildlich vorstellen und das wäre schon ein ziemlich lustiges Bild von dir, mit den verschiedenen Blättern überall.

Besonders gut kannst du dir das alles vorstellen, wenn du bei unserem Beispiel möglichst genau weißt, wie die verschiedenen Blätter einer Blüte aussehen. Willst du dir also Begriffe merken, dann finde heraus, wie die Dinge, die sich hinter diesen Begriffen verbergen, aussehen, bevor du die Loci-Methode anwendest. Dazu kannst du in einem Lexikon nachsehen, im Schulbuch, oder auch im Internet.

So, jetzt steht einem ersten Versuch mit der Loci-Methode nichts mehr im Wege. Hast du vielleicht irgendwelche Hausaufgaben auf, bei denen du sie ausprobieren kannst? Dann los! Viel Spaß!

Sehr oft geht es beim Lernen aber gar nicht so sehr darum, etwas auswendig zu lernen, sondern eher darum, Zusammenhänge zu verstehen und sich auch zu merken. Das ist auch gut so, denn ich als Gehirn kann mir viel besser Sachen merken, deren Zusammenhänge ich kenne, als Sachen, die nur auswendig gelernt sind.

Du kannst es dir etwa so vorstellen:

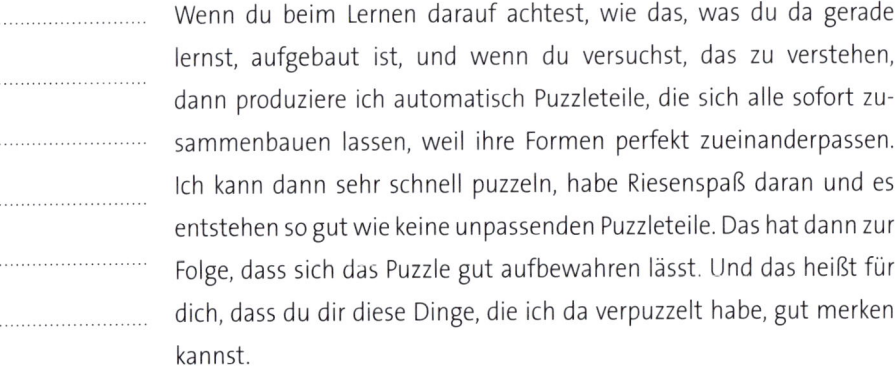

Wenn du beim Lernen darauf achtest, wie das, was du da gerade lernst, aufgebaut ist, und wenn du versuchst, das zu verstehen, dann produziere ich automatisch Puzzleteile, die sich alle sofort zusammenbauen lassen, weil ihre Formen perfekt zueinanderpassen. Ich kann dann sehr schnell puzzeln, habe Riesenspaß daran und es entstehen so gut wie keine unpassenden Puzzleteile. Das hat dann zur Folge, dass sich das Puzzle gut aufbewahren lässt. Und das heißt für dich, dass du dir diese Dinge, die ich da verpuzzelt habe, gut merken kannst.

Deshalb versuche beim Lernen immer zu verstehen, was die einzelnen Sachen, um die es geht, miteinander zu tun haben. Eine gute Möglichkeit zum Verstehen und Merken solcher Zusammenhänge ist das Herstellen eines Lernbildes oder Lernplakats. Eins vorab: Eigentlich sind das Lernbild und das Lernplakat fast gleich. Sie unterscheiden sich nur durch ihre Größe.

Ein Lernbild erstellst du auf einem normalen DIN-A4-Papier und es dient ausschließlich dir selbst zum Lernen. Ein Lernplakat ist größer (ab DIN-A3) und man hängt es an die Wand. So können es dann mehrere Schüler benutzen, zum Beispiel, wenn man es in der Klasse aufhängt. Deshalb kann man ein Lernplakat auch gut verwenden, wenn man ein Referat hält. Hier ist wichtig, dass du groß genug schreibst, damit es alle gut lesen können.

Beiden, dem Lernbild und dem Lernplakat, ist gemeinsam, dass man auf ihnen die Informationen zu einem bestimmten Thema zusammenträgt und darstellt.

 **TIPP**

Ein Lernbild oder Lernplakat ist immer dann die richtige Lernmethode, wenn du ein bestimmtes Thema schon recht umfassend bearbeitet hast. Wenn du also ein Kapitel oder einen größeren Abschnitt zum Beispiel aus einem Schulbuch im Unterricht und als Hausaufgabe bereits gelesen hast, dann kannst du die Inhalte hieraus gut mit Hilfe eines Lernbildes oder Lernplakats darstellen, verstehen und behalten.

Ich erkläre dir jetzt Schritt für Schritt, wie das geht. Du gehst dabei so vor: Zuerst fragst du dich, was in einem Kapitel, das du lernen und behalten möchtest, besonders wichtig ist. Dazu schaust du in das Kapitel am besten noch einmal hinein und liest vielleicht auch das eine oder andere ganz genau nach. In Stichworten notierst du dir dann diese wichtigsten Sachen. Um bei unserem Blütenbeispiel zu bleiben: Hier könnte man auf dem Lernbild oder Lernplakat darstellen, welche Blütenarten es gibt, wie Blüten normalerweise aussehen, aus welchen Teilen sie bestehen und wozu sie da sind. Du kannst auch noch ganz besondere Blüten mit aufnehmen und damit auf Ausnahmen eingehen.

Wenn du weißt, welche Inhalte auf das Lernbild oder Lernplakat kommen sollen, dann stellt sich die Frage, wie diese Inhalte am besten dargestellt und erklärt werden können. Versuche, das Lernbild oder Lernplakat immer so zu gestalten, dass jemand, der sich dein Lernbild oder Lernplakat anschaut, das darauf dargestellte Thema verstehen kann, auch wenn er sich damit bisher noch gar nicht auskennt.

Ein Lernbild oder Lernplakat besteht immer aus bildlichen Anteilen (💡 man sagt dazu auch „grafische" Anteile) und schriftlichen Anteilen. Du überlegst also als Nächstes, was du gut als Bild darstellen kannst und was du lieber aufschreiben willst. Hierbei ist auch noch zu bedenken, wie du die einzelnen Inhalte auf dem Lernbild oder Lernplakat anordnen willst. Beachte dabei die folgenden Punkte:

1. Jedes Lernbild oder Lernplakat braucht eine Überschrift.

Aus dieser Überschrift sollte möglichst genau klar werden, worum es in dem Lernbild oder Lernplakat geht. Sie sollte dabei aber auch nicht zu lang sein. Für bestimmte Themenbereiche kannst du vielleicht auch noch Zwischenüberschriften einbauen.

2. Der wichtigste Inhalt kommt in die Mitte.

Die weniger wichtigen Informationen ordnest du darum herum an. Benutze beim Aufzeichnen am besten erst einmal einen Bleistift, damit du noch etwas ändern kannst.

3. Verbinde die einzelnen Teile deines Lernbildes oder Lernplakats möglichst mit Linien und Pfeilen.

Mit diesen Pfeilen und Linien kannst du darstellen, was die einzelnen Inhalte miteinander zu tun haben. Am besten schreibst du diese Zusammenhänge an die Pfeile und Linien. Dieser Punkt ist besonders wichtig. Ich habe dir vorhin schon gesagt, dass ich Dinge besser behalte (also besser zusammenpuzzeln kann), von denen du die Zusammenhänge verstanden hast und dir einprägst. Dies geschieht durch das Überlegen, welche Verbindungen mit Linien und Pfeilen denkbar sind und welche Beschriftungen diese Verbindungen erklären können. Vielleicht findest du nicht für alle Inhalte gute Verbindungen, das ist auch nicht schlimm. Wichtig ist, dass du genau darüber nachdenkst und so viele Verbindungen wie möglich findest.

Blütenblätter

Blütenblätter sind bunt

ziehen Insekten an

Blüten werden bestäubt

4. Verwende auch Bildchen (man nennt sie auch Symbole oder Piktogramme), um das Dargestellte zu veranschaulichen. Hier einige Beispiele:

Dabei sollten die Bildchen nicht zur Dekoration dienen, sondern immer die Inhalte verdeutlichen. Sonst lass sie lieber weg.

5. Arbeite mit unterschiedlichen Farben, zum Beispiel um verschiedene Themenbereiche zu unterscheiden. Verwende aber auch nicht zu viele Farben, sonst wird es schnell unübersichtlich. Überlege, was du mit der Farbe kennzeichnen möchtest. Du solltest sie nicht verwenden, damit es „schön bunt" wird.

Wenn du das Lernbild oder Lernplakat erstellst, wirst du bemerken, dass der Inhalt, um den es geht, dir dabei viel klarer wird und du vor allem die Zusammenhänge besser verstehst, als es beim einfachen Lesen des Kapitels oder Abschnittes zuvor der Fall war. Das liegt daran, dass du immer dann besonders gut lernst, wenn du den Lernstoff nicht einfach nur „aufnimmst", wie zum Beispiel beim Lesen, sondern möglichst aktiv bist. Das heißt, dass du dir dabei Fragen stellst und Zusammenhänge herstellst. Und genau das tust du, wenn du ein Lernbild oder Lernplakat zeichnest.

Ich kann dabei so gut puzzeln und sortieren, dass es das Lernen für eine Klassenarbeit ersetzt. Anders ausgedrückt: es bringt viel mehr, zu einem Thema ein Lernbild oder Lernplakat zu erstellen, als sich den Stoff einfach nur immer wieder anzusehen.

Besonders gut zum Lernen sind Fragen dieser Art:

 **TIPP**

Was an diesem Thema ist besonders wichtig?

Erinnert mich das Gelernte an etwas Ähnliches, das ich schon kenne?

Wo und wie lässt sich das Gelernte noch anwenden?

Fallen mir zu dem, was ich gerade lerne, gute Beispiele ein?

Kann ich das hier Gelernte auch auf andere Themen übertragen?

Was an dem Thema interessiert mich besonders?

Welche Meinung habe ich zu diesem Thema?

Wenn du dir beim Lernen diese oder ähnliche Fragen stellst, dann laufe ich beim Puzzeln zur Höchstform auf! Und das Lernen macht dann auch mehr Spaß, du wirst es sehen! Das gilt natürlich nicht nur für das Arbeiten mit Lernplakaten, sondern immer, wenn es um das Lernen geht.

Probiere auch diese Methode möglichst bald einmal aus und erstelle dein erstes eigenes Lernbild oder Lernplakat!

Vielleicht findest du mein ständiges „Los, ausprobieren!" ein bisschen nervig, aber das Risiko gehe ich ein. Der Unterschied für mich, ob du dir eine solche Methode nur durchgelesen oder auch gleich ausprobiert hast, ist riesengroß! Und das hat mehrere Gründe: Erst wenn du die Methode ausprobiert und alle ihre Schritte durchlaufen hast, hast du sie einmal richtig „erlebt". Alles Erlebte merken wir uns besser. Und wenn du diese Methode ausprobierst, dann merkst du, was daran Spaß macht und wie sie für dich funktioniert. Ich kann zwar versuchen, dir zu schildern, was interessant, spannend oder sinnvoll an einer Methode ist, gegen eine selbst gemachte Erfahrung bleiben meine tollsten Beschreibungen aber immer sehr blass. Und du weißt ja auch, dass man alles, was man „auf die lange Bank schiebt" schnell wieder vergisst und dann doch nicht ausprobiert. Also: Los! Ausprobieren!

Eine weitere gute Lernmethode, bei der es um das Darstellen von Zusammenhängen geht, ist das so genannte Mindmapping. Vielleicht hast du das in der Schule schon mal gemacht. Zur Sicherheit erkläre ich hier aber kurz, wie es geht.

Erklärung

Auch beim Mindmapping verarbeitet man Informationen, die man bereits beim Lesen eines Kapitels oder größeren Abschnitts aufgenommen hat. So gesehen ähnelt es ein wenig dem Lernbild oder Lernplakat. Anders als bei diesen ist die Form bei der Mindmap vorgegeben. Von ihrer Form her sehen alle Mindmaps sehr ähnlich aus, nämlich so:

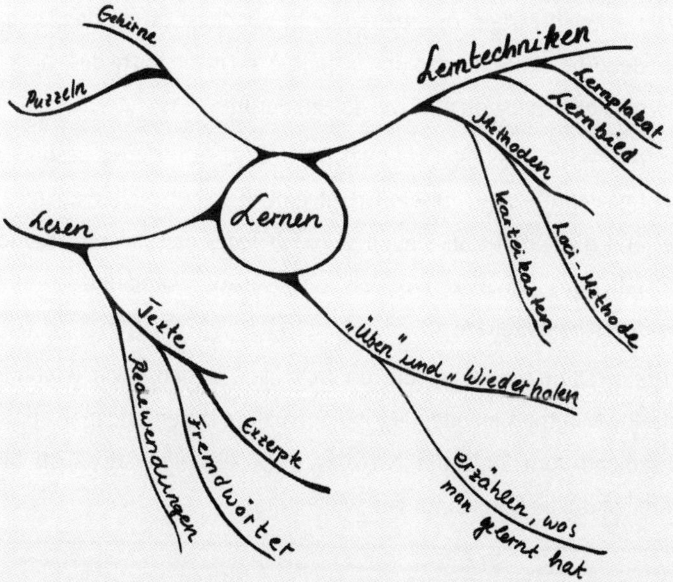

Du siehst: In der Mitte ist immer ein Oval mit dem Titel der Mindmap, davon gehen einige dicke Linien ab. Diese Linien spalten sich dann in dünnere Linien auf und die vielleicht in noch dünnere. Und alle Linien sind beschriftet.

Wenn du eine Mindmap erstellen möchtest, dann gehst du so vor:

Erstens: Du nimmst ein Blatt Papier (DIN-A4 oder größer) und legst es quer vor dich hin. Und du brauchst erstmal einen Bleistift. Es ist gut, zunächst alles mit Bleistift vorzuzeichnen und erst später mit verschiedenen Farben zu arbeiten. Jetzt überlegst du dir das Thema oder den Titel der Mindmap und schreibst ihn in die Mitte des Papiers. Anschließend malst du ein Oval darum herum.

Zweitens: Jetzt überlegst du, welche Unterthemen oder besonders wichtige Begriffe es zu diesem Thema gibt. Es sollten nicht weniger als drei und nicht mehr als sieben sein. Für jedes dieser Unterthemen malst du nun einen dicken Ast von dem Oval ausgehend und schreibst das Unterthema daran.

Drittens: Dann überlegst du, ob sich die Themen noch weiter in einzelne Minithemen oder Begriffe aufspalten lassen und malst dafür ausgehend vom Ende des Astes weitere, kleinere Äste. Auch hier schreibst du die Bezeichnungen wieder dran.

Viertens: Wenn du alles hast, kannst du mit Farben verschiedene wichtige Begriffe oder Teile der Mindmap hervorheben.

Fünftens: Auch kleine Symbole und Piktogramme (du erinnerst dich: Das sind die kleinen Bildchen zur Veranschaulichung.) können helfen, das Dargestellte zu veranschaulichen.

Das Gute an einer Mindmap ist, dass sie so beschaffen ist, dass ich besonders gut passende Puzzleteile dazu formen kann.

Ich habe es dir bisher noch nicht verraten, aber wir Gehirne bestehen aus zwei Hälften, einer rechten und einer linken Hälfte, die nur durch einen recht kleinen „Balken" miteinander verbunden sind.

Jede dieser beiden Gehirnhälften ist ein bisschen anders gepolt: Die linke Gehirnhälfte ist hauptsächlich für logisches Denken, für Worte und die Verarbeitung von Mathematik zuständig. Mit der rechten Gehirnhälfte kümmern wir uns um Kreativität, Gefühle, Intuition und Symbole. Normalerweise bevorzugt jedes Gehirn eine seiner beiden Hälften und benutzt diese mehr als die andere. Du kannst ja mal überlegen, ob du eher ein logischer Denker oder ein kreativ-gefühlsbetonter Typ bist.

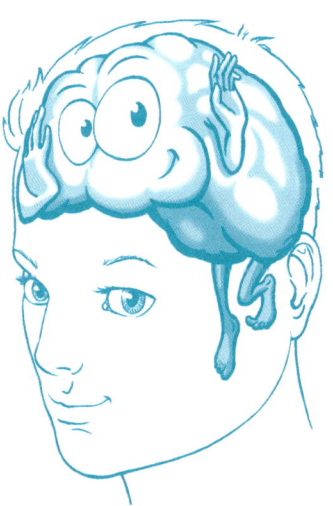

Für beide gilt: Das Mindmapping hilft dabei, beide Gehirnhälften gleichzeitig zu aktivieren, so dass sie sich gegenseitig prima ergänzen. Das Gehirn kann dann seine logischen Fähigkeiten und seine kreative Ader miteinander verbinden. Und meistens führt das zu deutlich besseren Ergebnissen, als wenn eine der beiden Hälften die erste Geige spielt.

Ich würde vorschlagen (du ahnst, was jetzt kommt ...), dass du das jetzt gleich mal ausprobierst!

Jetzt hast du einige der besten Lernmethoden kennengelernt, aber es gibt natürlich noch mehr davon. Mich würde interessieren, welche der Methoden, die ich dir vorgestellt habe, am besten gefallen.

Loci-Methode

Nichts für mich!   Tolle Methode!

Lernbild/Lernplakat

Nichts für mich!   Tolle Methode!

Mindmap

Nichts für mich!   Tolle Methode!

Male die für die einzelnen Methoden dargestellten Balken auf der linken Seite so weit aus, wie gut die Methode dir gefällt. Ganz ausgemalt heißt: „Tolle Methode! Die werde ich sicher sehr oft verwenden." Gar nicht ausgemalt heißt: „Nichts für mich – damit bin ich gar nicht zurechtgekommen."

So, und ich gehe jetzt mal in mich und schaue, wie gut mein Balken gerade so meine beiden Hälften miteinander verbindet. Bis bald!

3 Lesen wie die Profis

ch brauch mal eine kleine Pause vom Puzzeln und ich dachte, ich erzähl dir mal wieder ein wenig weiter von mir. Zum Beispiel davon, was Puzzeln mit Lesen zu tun hat. Du fragst dich jetzt vielleicht, wie das zusammenhängt. Aber auch wenn es auf den ersten Blick nicht so deutlich wird: Beides hat sehr viel miteinander zu tun, weil Puzzeln für mich Lernen bedeutet und das Lesen immer Bestandteil des Lernens ist. Denn wir lernen sehr oft aus Büchern, und auch im Internet sind die meisten Informationen in Texten enthalten und nicht in Bildern oder Videos. Das Wissen unserer Welt ist in Texten festgehalten. Dabei ist es egal, ob die Texte in Büchern oder auf Internetseiten stehen, ob es Gebrauchsanweisungen oder Verträge sind.

Jetzt sagst du vielleicht „Lesen kann doch jeder"! Oder, sagen wir zumindest jeder, der ungefähr zehn Jahre alt und nicht mehr in der Grundschule ist. Aber Lesen ist eben nicht gleich Lesen – da gibt es schon einige

Unterschiede. Vergleich doch mal das Lesen im Deutschunterricht in der Grundschule damit, wie du heute liest!

Damals in der Grundschule ging es darum, Buchstabe für Buchstabe zu entschlüsseln, um herauszufinden, welches Wort dahintersteckt, und dann den ganzen Satz oder sogar mehrere (meistens laut) zu lesen. Sobald man alle Buchstaben des Alphabets kennt und weiß, wie welcher ausgesprochen wird, ist es kein Problem, den Satz richtig vorzulesen. Aber den Inhalt der Worte, ihren Sinn, zu verstehen – das ist nochmal eine ganze andere Sache. Du könntest zum Beispiel einem Zweitklässler einen komplizierten Zeitungsartikel geben oder einen Lexikontext. Vermutlich kann er dir den Text ohne größere Probleme vorlesen. Aber wenn er die Hälfte der Wörter nicht kennt, hat er keinen blassen Schimmer, was in dem Text eigentlich drin steht, und versteht nur Bahnhof.

Genau darum aber geht es, wenn du heute einen Text liest: den Sinn der Worte und den Inhalt des Textes zu verstehen. Das ist so ähnlich wie beim Laufenlernen: Laufen kann eigentlich jeder, der zwei gesunde Beine hat. Aber nicht alle Menschen laufen gleich gut. Manche laufen einfach nur, um sich von einem Ort zum anderen fortzubewegen. Aber manche sind richtig gute Sprinter oder Marathonläufer, die Laufen zu ihrem Hobby gemacht haben oder vielleicht sogar zu ihrem Beruf. Du kannst dir das Ganze auch wie bei einem Computerspiel vorstellen: das Buchstabenkennenlernen und Wörterentziffern ist Level eins und wenn du dieses Level beherrschst, geht es im zweiten Level darum, den Sinn zu verstehen. Du befindest dich also schon im zweiten Level.

Dabei kann man nun wieder unterscheiden zwischen solchen Büchern, die du in deiner Freizeit zum Spaß liest, und solchen, die du in der Schule oder für die Schule liest. Bei Freizeitbüchern gibt es selten Probleme mit dem Verstehen des Inhalts, aber bei Texten in der Schule kann das schon ganz anders aussehen, weil sie manchmal ganz schön kompliziert geschrieben sind. Wie du in Level zwei bestehen kannst und auch solche Texte verstehst, darüber erzähle ich dir in diesem Kapitel einiges.

Übrigens könnte man sagen, dass es auch noch ein drittes Level gibt. Hast du dich auch schon mal gefragt, wie manche Leute es schaffen, sich alles und jede Kleinigkeit, die sie gelesen haben, zu merken? Ehrlich gesagt, ich bin froh, wenn ich schwierige Texte überhaupt verstehe – auch wenn ich den Inhalt dann ein paar Tage später schon wieder vergessen habe. Ich vermute, das kommt dir jetzt auch nicht so ganz unbekannt vor, oder? Ich habe auch gehört, dass es anderen Gehirnen genauso geht. Allerdings habe ich auch gehört, dass es ein paar echt gute Tipps und Tricks geben soll, wie man Texte nicht nur besser versteht, sondern das Gelesene auch besser behält.

Wenn du Lust hast, gucken wir uns die zusammen an auf den folgenden Seiten und probieren sie am besten auch gleich mal aus.

Also ich hätte ja große Lust dazu! Ich lese nämlich gerne. Um ganz ehrlich zu sein: Ich lese sogar immer, sobald ich Gelegenheit dazu habe. Ich kann gar nicht anders. Das ist doch eigentlich ganz praktisch: Ich fange automatisch an zu lesen, sobald du deine Augen auf einen Text richtest. Nicht lesen kann ich gar nicht! Oder hast du schon einmal versucht, dir einen Text anzugucken, auf die Schriftart und -größe zu achten, ohne den Inhalt des Textes zu beachten? Das ist praktisch unmöglich, weil ich automatisch anfange zu lesen, sobald du einen Text vor der Nase hast. Probleme gibt es nur bei schwierigen Texten, die ich zwar lesen kann, aber nicht unbedingt verstehe.

Aber was macht einen Text eigentlich schwierig?

Zum Beispiel viele Fachbegriffe, Fremdwörter oder Redewendungen, die ich nicht kenne. Ein super Rettungsanker sind dabei Wörterbücher. Viele Schüler und Erwachsene haben solche Wörterbücher immer griffbereit an ihrem Arbeitsplatz stehen. Es gibt sie für alle Arten von Verständnisproblemen: für Fremdwörter, unbekannte Redewendungen oder auch für veraltete Begriffe, die im heutigen Deutsch nicht mehr verwendet werden. Und ich finde, du solltest nicht zögern, bei Bedarf auf solche Hilfsmittel zurückzugreifen. Es beweist nämlich, dass du dir zu helfen weißt und damit umgehen kannst! Denn das kann ich dir nicht verheimlichen: Man braucht ein wenig Übung, bis man damit gut und sicher umgehen kann. Aber du weißt ja: So ist das mit fast allen Dingen, Laufenlernen, Schlittschuhlaufen, SMS-Tippen etc.

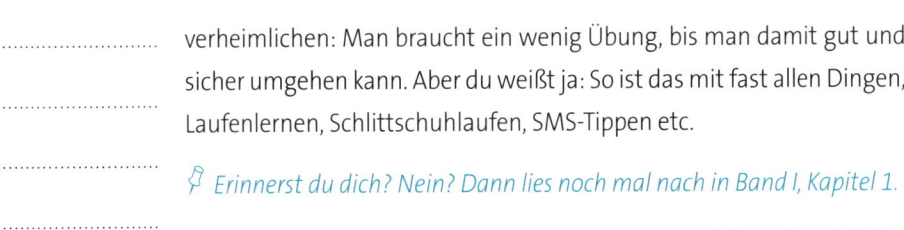 *Erinnerst du dich? Nein? Dann lies noch mal nach in Band I, Kapitel 1.*

Vielleicht haben deine Eltern oder Geschwister solche Wörterbücher und du darfst sie mitbenutzen. Wenn nicht, kannst du sie vielleicht bitten, dir diese Wörterbücher nach und nach zu kaufen oder du gehst in die Bibliothek deiner Schule oder Stadt. Wie gesagt: bei sehr schwer verständlichen Texten können sie der letzte Rettungsanker sein.

Aber nicht nur fremde Begriffe machen uns Probleme. Auch viele lange und komplizierte Sätze erschweren das Lesen, wenn ich sie nicht gewohnt bin. Der wichtigste Punkt ist aber der Anteil an neuen Informationen, die der Text enthält. Wenn ich alles, was in dem Text steht, schon vorher wusste und verstanden habe, ist es ganz einfach, den Text zu lesen und zu verstehen. Allerdings ist es dann auch extrem langweilig und das Lesen macht weder dir noch mir Spaß. Auf der anderen Seite wiederum ist es nahezu unmöglich, einen Text zu verstehen, der kaum an Bekanntes anknüpft, sondern ausschließlich neue Informationen enthält. Das hängt wieder mit dem Puzzeln zusammen – erinnerst du dich? Die einzelnen Abschnitte des Textes sind wie viele Puzzleteile. Wenn auch etwas Bekanntes in dem Abschnitt vorkommt, sind das die Puzzleteile, die ich schon vor mir liegen habe und ich kann die neuen Teile gut daran anlegen. Aber wenn der ganze Textabschnitt nur aus neuen, fremden Informationen besteht, dann weiß ich nicht, wohin mit den neuen Puzzleteilen und sortiere viele einfach wieder aus. Das heißt ich behalte nicht alle Puzzleteile und damit auch nichts von den Informationen darauf. Du vergisst den ganzen Inhalt also gleich wieder.

Ein Text, der perfekt zum Verstehen und Dazulernen geeignet ist, enthält also einiges, was für mich schon bekannt und gut verständlich ist, sowie ein paar zusätzliche neue Informationen.

☞ **TIPP**

Das Lesen fällt dir übrigens leichter, wenn du dir vorher genau überlegst, was du über das Thema des Textes schon weißt, bevor du drauflos liest. Bei besonders schweren Texten hilft es, wenn du dir das nicht nur überlegst, sondern sogar aufschreibst, was du schon weißt. Schau also erstmal nur auf die Überschrift des Textes, nimm dir ein leeres Blatt Papier und notiere in Stichworten alles, was dir dazu einfällt. Gleichzeitig, während du schreibst, hole ich die entsprechenden Puzzleteile schon mal hervor, entstaube sie, falls sie länger nicht in Gebrauch waren, und breite sie schön geordnet vor mir aus. Vielleicht ahnst du schon, wofür das gut ist? Genau! Es fällt mir dann später viel leichter, die beim Lesen neu entstandenen Puzzleteile einzufügen und anzubauen, weil alles schon so gut vorbereitet ist.

Aber ich habe dich noch gar nicht gefragt, ob du eigentlich gerne liest? Wenn ja, was? Was läuft gut dabei? Was nicht so sehr? Mich interessiert, was du bisher für Erfahrungen mit dem Lesen gemacht hast? Hier kannst du sie mal aufschreiben:

Es ist sehr interessant für mich, von deinen Leseerfahrungen zu hören! Bevor ich dir weitere Tipps zum Lesen geben, hab ich jetzt eine ganz kleine Übung für dich. Du brauchst dafür ein DIN-A4-Blatt, eine Stoppuhr und einen Stift. Bereit?

Übung

1. Starte eine Stoppuhr, um zu messen, wie lange du für diese Aufgabe brauchst.

2. Nimm ein leeres DIN-A4-Blatt und schreibe deinen Namen in die rechte obere Ecke.

3. Unterstreiche den Vornamen einfach und den Nachnamen doppelt.

4. Umkreise alle Vokale in deinem Namen.

5. Notiere dein Geburtsdatum in der Mitte des Blattes: den Tag mit einem roten Stift, den Monat mit einem blauen und das Jahr mit einem grünen.

6. Notiere die Zahl der Vokale aus deinem Namen unter den Tag.

7. Addiere den Tag und die Zahl der Vokale und notiere die Summe in die obere linke Ecke.

8. Multipliziere nun diese Zahl mit dem Monat, in dem du geboren bist und notiere das Ergebnis unten rechts.

9. Wenn du noch unter 18 Jahre alt bist, mach nur Aufgabe 1 + 2. Dann bist du fertig!

10. Wenn du für diese Übung weniger als 2 Minuten gebraucht hast, dann belohne dich mit etwas Schönem.

Na? Wie lange hast du gebraucht?

Bist du wütend auf mich, weil ich dich ein wenig reingelegt habe? Das ist okay, du darfst wütend sein. Aber ich mag solche kleinen Späße total gern. Tut mir leid, ich kann's einfach nicht bleibenlassen. Aber ich wollte dir damit auch etwas zeigen!

Ahnst du schon, was ich meine?

Genau, es ist immer sehr gut und nützlich, sich einen Überblick über einen Text zu verschaffen, ihn einmal zu überfliegen, bevor du dich konzentriert mit den einzelnen Abschnitten und einzelnen Sätzen auseinandersetzt. Das ist besonders dann wichtig, wenn die Überschrift nicht so viel über das Thema verrät.

In dem Fall erfährst du das Thema durch dieses Text-Überfliegen und du kannst dir anschließend überlegen, was du darüber schon weißt. Und zusätzlich kannst du dadurch manchmal auch sehr viel Zeit und Arbeit sparen, wie du gerade gemerkt hast.

 **TIPP**

Ein einfaches Rezept, das immer gelingt:
Lesen – Markieren – Rausschreiben

Eines vielleicht mal gleich vorweg: Wundere dich bitte nicht, wenn du einen Text nach dem ersten Lesen noch nicht vollkommen verstanden hast. Das ist normal! Wenn es nicht ein besonders einfacher Text ist, benötige ich öfters zwei oder sogar drei Durchgänge. Und mit Bleistift und Textmarker ist es viel einfacher. Ebenso hilfreich sind Lexikon und Fremdwörterbuch. Am besten hast du sie immer in Griffweite. Und dann kann es auch schon losgehen – zum Beispiel mit der „Drei-Stufen-Methode", die sich besonders gut für Leser eignet, die noch nicht so lange „auf Level zwei spielen":

1. Stufe: Lies den Text und markieren alle dir unbekannten Begriffe mit einem Fragezeichen am Rand. Schlage die Wörter im Fremdwörterbuch oder Lexikon nach und notiere die Worterklärung am Rand.

2. Stufe: Lies den Text ein zweites Mal und markiere alle wichtigen Aussagen mit einem Bleistift.

3. Stufe: Markiere mit dem Textmarker die Kernwörter des Textes. Wähle dabei Begriffe aus denjenigen Textstellen aus, die du vorher mit Bleistift unterstrichen hast. Achte darauf, wirklich nur einzelne Wörter

44

oder Wortgruppen zu markieren und keine ganzen Sätze. Markiere nicht zu viele Wörter.

Wenn es ein langer und komplizierter Text ist, dann verfasse anschließend eine Textzusammenfassung in eigenen Worten. Dafür gibt es auch ein ziemlich merkwürdig klingendes Fremdwort, das ich dir verrate, wenn du willst.

Erklärung

Okay, die Experten, Wissenschaftler und viele schlaue Erwachsene sagen dazu „Exzerpt", was wörtlich so viel wie Auszug aus einem Text bedeutet. Das Verb dazu heißt „exzerpieren" und ist vom lateinischen Wort für pflücken oder rupfen abgeleitet. Es geht also darum, die wichtigsten und interessantesten Informationen aus einem Text herauszupflücken und zusammenzutragen – so wie die reifsten und leckersten Früchte von einem Himbeerstrauch. Obst mag ich übrigens total gern, aber zum Thema Essen kommen wir ja später noch. Exzerpieren heißt also „rausschreiben".

Zum Thema Essen kannst du mehr in Band III, Kapitel 6 lesen.

Bleiben wir jetzt erstmal beim Lesen.

Natürlich kostet das Exzerpieren noch ein bisschen zusätzliche Zeit, aber es bringt dir gleich zwei Vorteile: Erstens kannst du später deine Zusammenfassung lesen und musst nicht den gesamten Originaltext noch einmal lesen, wenn du zum Beispiel als Vorbereitung für eine Klassenarbeit den Inhalt noch einmal lesen willst. Und zweitens bewirkt das Schreiben der Zusammenfassung, dass ich die Informationen gleich viel intensiver verarbeite und speichere, so dass du dich später vielleicht sogar so gut daran erinnerst, dass du die Zusammenfassung gar nicht mehr lesen musst.

Probiere diese Drei-Stufen-Methode am besten gleich einmal aus. Vielleicht mit einem Text, den du eh gerade heute oder demnächst mal für die Schule lesen sollst. Oder mit einem Text, den du schon einmal probiert, aber gleich wieder beiseite gelegt hast, weil du nichts verstanden hast. Lies ihn jetzt noch einmal mit der Drei-Stufen-Methode und verfasse auf der Grundlage deiner Markierungen eine Zusammenfassung in eigenen Worten:

TIPP

Ein Trick, damit es garantiert immer klappt mit dem Verstehen: Arbeite doch einfach mit Randnotizen.

Falls es dir nicht so leicht gefallen ist, die Zusammenfassung zu schreiben, oder du mit ihr nicht zufrieden bist, könnte das daran liegen, dass du zu viel oder zu wenig markiert hast. Vielleicht hilft es aber auch beim Zusammenfassen, wenn du noch einen weiteren Zwischenschritt einschiebst und Randnotizen anfertigst.

Du kennst diese Randnotizen vielleicht aus einigen Schulbüchern. Aber wenn du sie selbst gemacht hast, hast du auch selbst gedacht, und das ist es, was hilft. Dafür gibt es verschiedene Möglichkeiten:

- Teile den Text in Abschnitte ein und überlege dir für jeden Abschnitt eine Überschrift, die du am Rand notierst.
- Fasse den Inhalt jedes Abschnitts in einem Satz zusammen und notiere diesen Satz am Rand.
- Notiere die wichtigsten Informationen in jedem Abschnitt stichwortartig am Rand.

Anfänger kommen meistens besser damit klar, wenn sie vollständige Sätze am Rand notieren. Geübte Leser kommen später auch mit stichwortartigen Zusammenfassungen zurecht. Hilfreich ist es auch, wenn du diese Zusammenfassungen mit persönlichen Kommentaren und Bewertungen des Gelesenen ergänzt. Denn wenn du dir überlegst, was du von dem Gelesenen hältst (also zum Beispiel, ob es dich überzeugt oder ob du ganz anderer Meinung bist), dann gelingt es mir noch besser, die neuen Puzzleteile mit den bereits vorhandenen zu verbinden.

Damit du in der nächsten Unterrichtsstunde oder in der nächsten Klassenarbeit dann auch wirklich ganz sicher einen Erfolg feiern kannst, ist übrigens noch eine weitere Sache wichtig: dass du nicht nur den Inhalt, sondern auch die Struktur des Textes, sozusagen sein Knochengerüst, durchschaust und verstehst. Denn ich vermute mal, dass deine Lehrer weder im Unterricht noch in Klassenarbeiten die Informationen immer in derselben Reihenfolge abfragen, in der sie im Text standen. Stattdessen geht's dort oft wild durcheinander und schon stehe ich auf dem Schlauch und muss dich hängen lassen. Deshalb finde ich's total hilfreich, wenn du in deiner Textzusammenfassung die Reihenfolge der Informationen auch mal änderst oder beim Formulieren der Fragen zuerst nach etwas fragst, was eher am Ende und nicht ganz am Anfang steht. Am besten ist es, wenn ich mir nicht die Informationen in einer bestimmten Reihenfolge merke, sondern die Struktur des Textes – also den Aufbau, das Gerüst, was dahintersteckt. Jeder Text lässt sich nämlich in seine einzelnen Informationen zerlegen und dann zu einer Art Bild neu zusammensetzen. Und ich liebe Bilder, Fotos, Zeichnungen, Comics, Landkarten, Baupläne, Tortendiagramme, Tabellen ... Ach, da komme ich geradezu ins Schwelgen! Ist mir alles tausendmal lieber als reine Buchstabenansammlungen. Aber du hast Recht: Bevor ich weiter davon schwärme, sollte ich dir vielleicht erstmal erzählen, warum das so ist.

 **TIPP**

Verarbeiten und Veranschaulichen von Texten

Wenn ich das bisher Gelernte mal für dich zusammenfassen soll, stelle ich fest, dass immer zwei Schritte notwendig sind, um einen Text zu verstehen und den Inhalt behalten zu können:

- Lesen und dabei gleichzeitig Markierungen und Randnotizen anzufertigen

- Den Text verarbeiten, zum Beispiel in Form einer schriftlichen Zusammenfassung oder durch schriftliche Beantwortung der zuvor formulierten Fragen

Den zweiten Schritt brauche ich unbedingt, damit ich mir den Inhalt des Textes merken kann. Nur durch Lesen und Markieren behalte ich fast gar nichts.

Entscheidend ist für mich, dass du etwas Neues, Eigenes erschaffst, das auf dem Ausgangstext beruht. Dabei ist das Verfassen einer Textzusammenfassung jedoch nur eine von vielen Möglichkeiten. Du kannst zum Beispiel auch eine **Mindmap** zeichnen, die alle zentralen Begriffe des Textes enthält und zeigt, wie sie miteinander zusammenhängen. Weißt du noch, was das ist?

Wenn nicht, guck nach in Kapitel 2!

Manche Texte eignen sich auch gut, um sie in einer Tabelle darzustellen, z.B. wenn **Pro-und-Contra-Argumente** – also Argumente für etwas und gegen etwas – gegenübergestellt werden. Das kann sein, wenn es um die Frage geht, ob fünf lange Schultage pro Woche besser sind oder sechs kürzere.

Bei Geschichtstexten lassen sich die Informationen gut auf einem Zeitstrahl eintragen. Und wenn es um die Klimaerwärmung oder die steigenden Einkommen für Fußballbundesligaspieler geht, dann bietet sich ein Kurvendiagramm an, bei dem auf der einen Achse die Jahreszahlen und auf der anderen die durchschnittlichen Temperaturen oder Einkommen angegeben sind, und dann eine Kurve dazu abgebildet wird. Ein Beispiel siehst du auf der nächsten Seite.

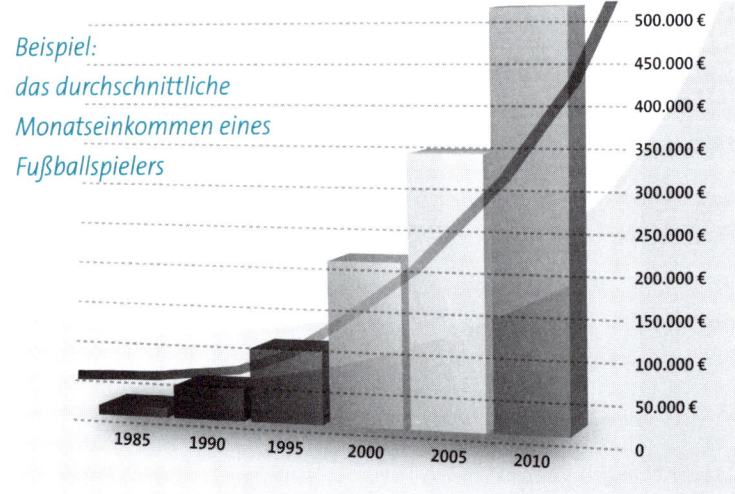

Beispiel:
das durchschnittliche
Monatseinkommen eines
Fußballspielers

Eine weitere Variante ist ein sogenanntes Fluss- oder Verlaufsdiagramm: Dabei schreibst du einzelne Textaussagen auf, umrahmst sie jeweils mit Kreisen oder Kästen und verbindest diese durch Pfeile, um deutlich zu machen, dass die eine Tatsache eine Folge der anderen ist. Hier ein Beispiel:

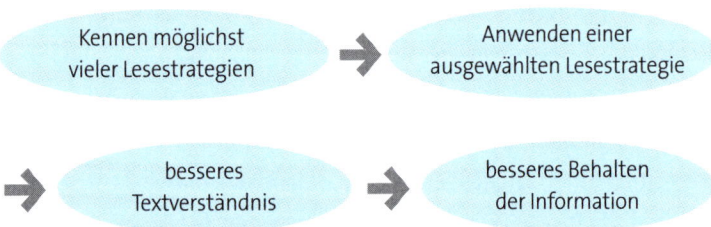

Am meisten hilfst du mir beim Abspeichern, wenn du nicht nur Buchstaben, sondern auch kleine **Bilder, Symbole** oder **Zeichnungen** benutzt, die zu den Begriffen passen oder sie veranschaulichen. Denn dann arbeiten meine beiden Gehirnhälften optimal zusammen und ich kann die Informationen später besser wiedergeben. Vielleicht hast du das schon mal gehört: Ich bestehe aus zwei gleich großen Hälften und während die eine vor allem für Text zuständig ist, beschäftigt sich die andere lieber mit Bildern. Wenn also Text und Bild kombiniert werden, arbeiten beide eng zusammen und erleichtern das Speichern.

📌 *Mehr dazu erzähle ich dir im folgenden Kapitel.*

Auf jeden Fall hast du jetzt schon einmal einige gute Möglichkeiten kennengelernt, wie du mir beim Textelesen und Verstehen auf die Sprünge helfen kannst. Vielleicht hast du dich während der vergangenen Seiten auch hin und wieder gefragt, wie das sein kann: Wieso du so ein schlaues Ding namens Gehirn in deinem Kopf mit dir rumschleppst, das zwar puzzeln kann wie ein Weltmeister, aber sich mit einer scheinbar so leichten Sache wie dem Lesen so schwertut.

Nun, zu meiner Entschuldigung könnte ich dir da schon einiges erklären. Ich müsste nur etwas weiter ausholen. Sehr weit, um es genau zu nehmen. So einige tausend Jahre etwa. Soll ich trotzdem?

Na gut. Also das ist so: Dass ich mich mit Texten manchmal ein bisschen schwer tue, liegt daran, dass ich ursprünglich nicht zum Lesen „gemacht" wurde. Denn wir Gehirne sind schon viel älter als die ältesten Texte. Also nicht ich persönlich natürlich – ich bin nur etwa neun Monate älter als du – aber meine ältesten Vorfahren. Menschliche Gehirne gibt es schon seit mehreren Millionen Jahren. Die ältesten Schriften wurden aber erst vor etwa 5000 Jahren erfunden und erst seitdem gibt es geschriebene Texte und um diese zu verstehen, musste man lesen können. Auf der anderen Seite haben wir Gehirne eine sehr praktische Eigenschaft: Wir können uns nämlich sehr flexibel den äußeren Gegebenheiten und Anforderungen anpassen und dazulernen. Es gibt eigentlich nichts auf der Welt, was wir nicht lernen können, wenn wir nur lange und intensiv genug üben. Dadurch können wir uns auch ans Lesen gewöhnen, wenn wir genügend Gelegenheiten zum Üben bekommen. Das heißt je mehr und je öfter du etwas liest, desto mehr Routine bekomme ich dabei und es geht immer schneller und besser.

Noch mehr zum Thema Lesen erzähle ich dir später in Kapitel 6.

Dort geht es vor allem darum, wie du dir zu zweit oder mit Freunden in der Gruppe einen Text erarbeiten kannst. Aber für den Moment hast du erstmal genug gelesen, finde ich. Leg das Buch doch ruhig mal beiseite und gönne uns beiden eine Pause und ein bisschen Abwechslung, das ist mir nämlich total wichtig, wie ich dir später in **Kapitel 8** noch ausführlicher erklären werde.

Sag mal, weißt du eigentlich, warum alle Kinder – ohne Ausnahme – gerne spielen? Vermutlich denkst du dir: „Das ist doch glasklar, weil es eben Spaß macht!" Und damit hast du Recht. Aber warum macht das Spielen den Kindern, Jugendlichen und auch vielen Erwachsenen Spaß? Und warum machen manche Spiele eine Zeit lang sehr viel Spaß und irgendwann findet man sie langweilig, während andere Spiele nie langweilig werden?

Ich sage es dir. Spielen tut uns Gehirnen gut und deshalb mögen wir es. Eigentlich mögen wir es nicht nur, wir brauchen es sogar ganz dringend für unsere Entwicklung. Alle Kinder spielen und lernen dabei eine ganze Menge! Du erinnerst dich vielleicht daran, dass ich dich schon mal in **Band I, Kapitel 1** gefragt habe, was du alles schon gelernt hast: Laufen, Radfahren, klettern, schwimmen usw.

Ganz kleine Kinder lernen beim Spielen zunächst, ihren eigenen Körper zu kontrollieren und gezielte Bewegungen auszuführen. Sie erkunden die Welt um sich herum und die Gegenstände, die sich darin befinden. Recht bald schon wird dann gemeinsam mit anderen gespielt und damit die Kommunikation und das Miteinander geübt. Dabei entwickeln die Kinder auch gleich ihre Persönlichkeit und lernen neben den anderen Kindern auch sich selbst kennen. Natürlich geht es beim Spielen auch um planvolles Handeln und logisches Nachdenken. Um es kurz zu machen: Spielen ist lernen! Am liebsten ist mir diese Form des Lernens natürlich, wenn sie etwas mit Bewegung und möglichst noch mit anderen Gehirnen zu tun hat, also wenn es Mitspieler gibt. Die Mitspieler dürfen – mangels echter Mitspieler – auch virtuell sein, das heißt auch Mitspieler im Computer sind okay. Und, das deutet sich ja schon an, Computerspiele mag ich auch, obwohl sie nicht viel mit Bewegung zu tun haben. Allerdings solltest du nicht ausschließlich vor und mit dem Computer spielen, denn ich brauche für meine optimale Entfaltung dringend deine Bewegung! Es klingt vielleicht ein bisschen eigenartig, aber gerade damit du gut sprechen kannst und ein Sprachgefühl entwickelst, brauchst du Bewegung.

Ich habe dir ja in Kapitel 2 (Seite 31) schon erzählt, dass ich aus zwei Hälften, man nennt sie auch „Hemisphären", bestehe, die nur durch einen schmalen Balken miteinander verbunden sind. Erinnerst du dich noch, welche meiner Hälften wie „gepolt" ist?

Hier noch einmal zur Erinnerung: Die linke Gehirnhälfte ist hauptsächlich für logisches Denken, für Worte und die Verarbeitung von Mathematik zuständig. Mit der rechten Gehirnhälfte kümmere ich mich um Kreativität, Gefühle, Intuition und Symbole. So weit, so gut. Jetzt kommt eine neue Info zu meinen beiden Hälften: Meine linke Hälfte steuert die rechte Hälfte deines Körpers und meine rechte

Hälfte steuert die linke Hälfte deines Körpers. Wenn du dir also mit dem linken Zeigefinger an die Nase tippst, dann steuert das meine rechte Hälfte. Schießt du mit dem rechten Fuß einen Ball, dann steuert das meine linke Hälfte.

Und ich habe dir ja auch schon berichtet, dass es für das Lernen ganz besonders gut ist, wenn du mich daran gewöhnst, mit beiden Gehirnhälften zusammen zu arbeiten. Hast du vielleicht eine Idee, mit welcher Art der Bewegung du das üben kannst?

Das geht mit Bewegungen, in denen du die rechte und die linke Körperhälfte bewegst und deren Bewegungen aufeinander abstimmst. Man sagt dazu auch, dass du ihre Bewegungen miteinander „koordinierst". Besonders schwierig ist das, wenn du mit beiden Körperhälften unterschiedliche Bewegungen ausführst. Eine kniffelige Koordinierungsübung geht so:

Übung

Du stellst dich gerade hin, und zwar nur auf ein Bein. Mit dem Fuß des anderen Beins, das in der Luft ist, machst du eine kreisende Bewegung. Der Kreis sollte möglichst groß und das Bein möglichst gestreckt sein. Das ist schon recht schwierig, weil du das Gleichgewicht halten musst. Dazu brauchst du schon beide Gehirnhälften, denn das Gleichgewichthalten machst du mit dem ganzen Körper. Aber es wird noch ein bisschen schwieriger:

Nun streckst du den gegenüberliegenden Arm zur Seite aus. Ganz weit. Okay. Und nun führst du den Unterarm in einer geraden Linie zu deinem Gesicht und tippst dir mit dem Finger auf die Nasenspitze. Danach führst du den Arm auf demselben Weg wieder zurück, bis er wieder zur Seite gestreckt ist. Währenddessen machst du natürlich weiter mit dem anderen Fuß die Kreise.

Wahrscheinlich merkst du, dass es gar nicht leicht ist, auf der einen Seite kreisförmige und auf der anderen Seite gerade Bewegungen zu machen. Meistens gleichen sich die Bewegungen auf beiden Seiten an und es wird ein Ei daraus ... Aber mit ein wenig Übung wird es immer besser!

Wenn du diese Übung immer noch zu einfach findest, dann gibt es noch eine weitere Schwierigkeit, die du einbauen kannst: **Schließe bei der Übung die Augen**.

Übungen mit solchen Anforderungen an deinen Körper sind es, bei denen ich beide meiner Gehirnhälften gleichzeitig benutze! Und wenn du solche Übungen machst, dann tust du nicht nur mir einen Gefallen, sondern du kannst dann auch besser andere Dinge lernen. Und diese Art Übungen können dir auch helfen, wenn du es schwierig findest, dich zu konzentrieren. Wenn du also am Schreibtisch sitzt und merkst, es läuft nicht so gut mit dem Lernen, dann steh kurz auf, mache die Übung, die ich dir eben beschrieben habe, und zwar erst auf dem einen Bein stehend und dann auch gleich noch für die andere Seite. Auf beiden Seiten solltest du die Übung mindestens eine halbe Minute ausführen. Danach kannst du bestimmt viel besser weiterarbeiten. Du wirst es sehen!

Beide Gehirnhälften benutzt du aber auch beim Ballspielen, beim Klettern und Balancieren, beim Tanzen und auch beim Schwimmen. In den meisten Sportarten kommt es, wenn du sie trainierst, auf Koordination an. Das bedeutet: Sport hilft mir dabei, beide Gehirnhälften gemeinsam zu benutzen. Das heißt, er hilft beim Lernen. Und: Sport reduziert auch Stress.

Durch Bewegung – und die gehört zum Sport ja dazu – werden die chemischen Stoffe im Körper aufgelöst, die die „Notfallsituation" aufrechterhalten, wenn du Angst oder Stress hast. Je mehr du dich also bewegst, umso weniger bist du anfällig für Stress. Das ist doch prima, oder? Ich bin dir für jede Form von Bewegung und Sport dankbar, denn je mehr du davon machst, desto weniger hocke ich im Dunkeln rum und muss darauf warten, dass ich irgendwann mal wieder an meine Puzzles komme.

Und Sport macht noch etwas mit dir: Er stärkt ganz automatisch dein Selbstbewusstsein und sorgt dadurch dafür, dass es dir gutgeht und du dich wohl fühlst. Auch auf die Gefahr hin, dass ich mich wiederhole: Wer sich gut fühlt, der lernt auch gut. Und wer gut lernt, der fühlt sich auch gut. Und lernt dann wieder gut. Und so weiter.

Wer regelmäßig Sport macht, ist also klar im Vorteil. Dabei ist es erst einmal gar nicht so wichtig, was für eine Sportart du dir aussuchst. Du brauchst nur auf eine einzige Sache zu achten: Sie soll dir auf jeden Fall Spaß machen. Das ist schon alles.

Hier kannst du Sportarten notieren, die du gerne einmal ausprobieren möchtest:

Vielleicht kannst du einen Freund oder eine Freundin fragen, ob sie dich zum Training einer dieser Sportarten mitnehmen. Viele Sportvereine bieten auch ein Schnuppertraining an, bei dem du eine Sportart ausprobieren kannst, ohne gleich Vereinsmitglied zu werden. Ruf doch gleich mal bei einem Sportverein in deiner Nähe an und frage nach. Oder sieh dir das Angebot des Vereins im Internet an.

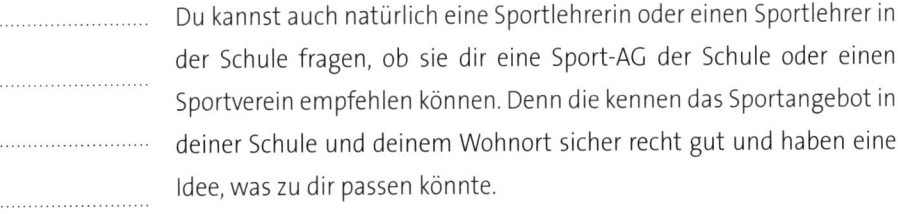

Du kannst auch natürlich eine Sportlehrerin oder einen Sportlehrer in der Schule fragen, ob sie dir eine Sport-AG der Schule oder einen Sportverein empfehlen können. Denn die kennen das Sportangebot in deiner Schule und deinem Wohnort sicher recht gut und haben eine Idee, was zu dir passen könnte.

Wenn du eine neue Sportart ausprobierst, dann solltest du mindestens dreimal zum Training gehen. Beim ersten Mal klappt es manchmal nicht so gut, weil die Bewegungen, die diese für dich neue Sportart mit sich bringt, noch sehr ungewohnt sind. Aber schon beim zweiten oder dritten Training siehst du Fortschritte. Und die sind es neben der Bewegung, die mir ja sowieso Spaß macht, die ich so sehr mag. Fortschritte und Erfolgserlebnisse führen dazu, dass ich meinen Job als dein Gehirn so genial finde! So lange bis diese Fortschritte und Erfolgserlebnisse sich einstellen, solltest du auf jeden Fall dranbleiben, denn erst dann fängt es an, richtig Spaß zu machen.

Je mehr Spaß dir eine Sportart macht, desto besser ist sie für dich geeignet. Und für mich dann auch.

Aber auch in deinem ganz normalen Alltag lässt sich problemlos ein wenig Bewegung unterbringen, die mir guttut: Vielleicht kannst du häufiger mal mit dem Fahrrad anstatt mit Bus und Bahn zur Schule oder zu Freunden fahren. Und du könntest in Zukunft lieber die Treppe hochflitzen, als den Fahrstuhl oder die Rolltreppe zu nehmen.

Überlege doch mal, in welchen Situationen du für mehr Bewegung sorgen kannst und schreibe sie hier auf:

So, und nachdem wir uns jetzt schon seit einiger Zeit über Bewegung und Spielen unterhalten haben, wird es jetzt Zeit für die praktische Anwendung. Ich habe richtig Lust auf Sport bekommen! Los geht's, raus und bewegen!

Na, bist du fit? Das solltest du nämlich sein, wir machen eine lange Reise zurück in der Geschichte der Gehirne. Aber keine Sorge, ich werde dich nicht mit den Helden- und Schreckenstaten meines Urururururgroßvaters Cerebrum dem Älteren und seiner Gemahlin Cerebrine der Schönen langweilen. Obwohl es da einiges zu berichten gäbe ...

Nein, wir reisen viel weiter zurück in der Geschichte der Gehirne! Seit etwa 25000 (in Worten: fünfundzwanzigtausend!) Jahren gibt es uns Menschengehirne in Europa, zumindest in unserer heutigen Form. Und genau darum geht es mir: Seit vielen tausend Jahren haben wir Gehirne uns in unserer Struktur fast gar nicht verändert. Du trägst im Computerzeitalter also ein Steinzeitgehirn in deinem Schädel mit dir herum. Wir Gehirne können uns sehr gut auf sich verändernde Umgebungsbedingungen anpassen, deshalb fällt es dir meistens nicht so sehr auf, dass du mit einem Steinzeitgehirn ausgestattet bist, aber es ist so. Und meistens ist das auch gar nicht schlimm. Nur in ganz bestimmten Situationen macht sich dein Steinzeitgehirn auf etwas unschöne Art bemerkbar. Wenn du Angst bekommst oder unter Stress gerätst, dann läuft bei mir ein uraltes Programm ab, das in der Steinzeit super war, heute aber nicht mehr so toll funktioniert. Und das geht so:

💡 Erklärung

Wenn der Steinzeitmensch Angst hatte, dann meistens aus dem Grund, dass er in der freien Natur, zum Beispiel auf der Jagd, einem gefährlichen Tier begegnet ist. Der Steinzeitmensch musste dann blitzschnell entscheiden, ob er dieses gefährliche Tier angreifen und mit ihm kämpfen oder lieber schnell wegrennen und sich auf den nächsten Baum flüchten sollte. Wichtig war für ihn in diesem Moment, die Entscheidung ganz schnell zu treffen und dann alle Kräfte zu mobilisieren, um zu kämpfen oder wegzurennen. Denn schließlich hing sein Überleben davon ab. Es war einfach nicht möglich, erstmal in Ruhe abzuwägen, was wohl besser wäre, noch ein oder zwei Experten um Rat zu fragen oder die Meinung der besten Freunde einzuholen. Und egal für welche der beiden Möglichkeiten der Steinzeitmensch sich entschied, er brauchte dann die ganze Leistungsfähigkeit seines Körpers. Kannst du dir die Situation vorstellen?

Und weil das alles so ungemein wichtig war, haben wir Gehirne dazu einen Notfallreaktionsplan entwickelt, der automatisch immer in einer Situation, in der unser Mensch Angst hat, abläuft. Wir sorgen dafür, dass unser Mensch blitzschnell so viel Kraft, wie er nur irgendwie kann zum Rennen oder Kämpfen aufbringt. Dazu beschleunigen wir sofort seinen Herzschlag und bereiten ihn so auf die kommende Anstrengung vor. Außerdem sorgen wir dafür, dass chemische Stoffe im Körper freigesetzt werden, die dafür sorgen, dass die Muskeln besser durchblutet werden, damit sie optimal arbeiten. Diese Stoffe sorgen auch dafür, dass der Notfallplan möglichst lange durchgehalten werden kann. Wir kurbeln auch gleich die Schweißproduktion der Haut an, damit der Körper in der Anstrengung über den verdunstenden Schweiß gekühlt wird und sich nicht überhitzt.

Kurz gesagt: Wir tun alles, um unseren Menschen optimal auf den bevorstehenden Kampf oder die bevorstehende Flucht vorzubereiten. Und wir sorgen auch dafür, dass er das, wozu er sich entscheidet, mit möglichst viel Kraft und Ausdauer möglichst lange übersteht. Damit er hoffentlich, hoffentlich, hoffentlich überlebt. Und wir, also das jeweilige Gehirn, das in seinem Schädel wohnt, auch überlebt. Uns ist es so wichtig, dass alle verfügbaren Nährstoffe über das Blut zu den Muskeln gelangen, dass wir die Durchblutung anderer Bereiche des Körpers drosseln. Das ganze Blut soll zur Versorgung der Muskeln bereitstehen, denn auf deren Leistung kommt es jetzt an! Und – du ahnst es sicher schon – das Gehirn wird nicht mehr gut durchblutet. Wenn der Steinzeitmensch Angst hatte, dann konnte er also nicht mehr gut nachdenken. Und das musste er auch nicht. Er musste rennen oder kämpfen.

Naja, und du kannst heute, wenn du Angst hast oder unter Stress stehst, auch nicht gut denken. Auch wenn es heute meistens nicht viel hilft, wenn man zum Angriff übergeht oder wegrennt. Ich vermute mal, dass es meistens nicht gerade ein zähnefletschender Bär ist, der dir Angst macht.

Überlege einmal, in welchen Situationen du manchmal Angst hast oder schon einmal Angst hattest und schreibe sie hier auf:

gewesen wäre, nachzudenken, um sich eine Lösung für das Problem zu überlegen. Und unterstreiche alle Situationen rot, in denen Wegrennen oder Kämpfen die einzige Möglichkeit war.

Wenn ich mich nicht sehr täusche, dann hast du sehr viel mehr grün als rot unterstrichen. Wahrscheinlich kommt sogar gar kein Rot bei dir vor. Richtig?

Wir haben also herausgefunden, dass heutzutage das Nachdenken in Angst einflößenden Situationen mehr gefragt ist als Kämpfen oder Wegrennen. Dazu ist mein Notfallmechanismus, den ich noch aus der Steinzeit mitgebracht habe, leider nicht sonderlich hilfreich. Tut mir leid. Aber für meine Vorfahren war dieser Notfallplan so wichtig und sie haben ihn sich so gut gemerkt, dass er auch heute noch automatisch funktioniert. Ob ich will oder nicht, sobald ich von dir eine Notfallsituation mitgeteilt bekomme, lege ich den großen roten Notfallhebel um, der den Automatismus in Gang setzt. Sofort werden automatisch alle meine Puzzles und Puzzleteile mit einem Schwung zur Seite gefegt, alle Schubladen meines Lagerhaltungssystems gehen zu und das Licht geht aus. Und dann sitze ich da im Dunkeln und hoffe und drücke die Daumen, dass du das mit dem Kämpfen oder Weglaufen gut hinkriegst.

. . . .

. . . .

. . . .

. . . .

. . . .

. . . .

Und noch eine Sache daran ist blöd, und die hat mit den chemischen Stoffen zu tun, die in diesen Notfallsituationen freigesetzt werden. Diese Stoffe sorgen, ich sagte es bereits, für eine gute Durchblutung der Muskeln und dafür, dass der Notfallplan lange durchgehalten wird. Sie sorgen also auch dafür, dass ich weiter im Dunkeln sitze und nicht an meine Puzzles komme. Ich möchte also gerne, dass diese Stoffe schnell wieder verschwinden. Meine Vorfahren haben es so eingerichtet, dass diese Stoffe durch das abgebaut werden, also verschwinden, was der

69

Steinzeitmensch in der Notfallsituation macht: rennen oder kämpfen. Sie werden durch Muskelanstrengung, also durch Bewegung abgebaut. Doof ist nur, dass du dich heute in angstvollen oder stressigen Situationen nicht unbedingt viel bewegst. Und das führt dazu, dass ich ziemlich lange im Dunkeln hocke und an Puzzeln nicht zu denken ist. Deshalb: Wenn du dich ängstlich oder gestresst fühlst, dann bewege dich am besten erst einmal ausgiebig! Gehe zumindest ein Stück zügig spazieren, aber besser tobe dich richtig aus! Meistens merkst du beim Austoben auch, dass du zuvor nicht nur Angst oder Stress hattest, sondern dass auch eine gehörige Portion Wut oder Ärger dabei ist. Diese Gefühle kommen nämlich meistens im Doppelpack daher, man merkt es nur nicht gleich. Die Wut und den Ärger kannst du prima beim Austoben rauslassen.

Und dann – schwups – geht plötzlich bei mir das Licht wieder an. Wenige Momente später komme ich auch wieder an meine Puzzles und Schubladen. Und dann ist für mich alles wieder gut! Und du kannst dann auch wieder besser nachdenken. Jetzt kommst du viel leichter als vorher auf eine Lösung des Problems, das dir Angst gemacht hat.

Es ist dir bei meinen Erzählungen ja sicher auch klar geworden, dass es absolut sinnlos ist, sich gestresst oder ängstlich an den Schreibtisch zu setzen, um Hausaufgaben zu machen oder zu lernen. Das kannst du komplett vergessen. Denn – du weißt es – ich hocke ja im Dunkeln und komme nicht an die Puzzles. Bewege dich eine Runde, dann geht es dir schon besser. Und dann kannst du auch wieder lernen.

Und: **Allen Menschen begegnen im Alltag immer wieder Situationen, die ihnen Angst machen und die sie stressen**. Das ist ganz normal. Wichtig ist nur, dass man richtig auf diese Situationen reagiert. Zunächst hilft, du weißt es bereits, Bewegung. Und dann hilft es, über die Situation noch einmal nachzudenken und vielleicht mit jemandem darüber zu reden. Du kannst einen Freund, eine Freundin, deine Eltern oder eine andere Vertrauensperson um Rat fragen. Meistens findet sich dann schnell eine gute Lösung. Und: Angst und Stress bedeuten Anspannung; die Muskeln sind angespannt und du fühlst dich, als würdest du „unter Strom" stehen. Wenn du eine solche *An*spannung erlebt hast, dann ist es nach dem Bewegen gut, wenn du dich ein wenig *ent*spannen kannst. Gönn dir eine Auszeit, höre ein wenig Musik, entspann dich einfach. Das braucht dein Körper dann und ich brauche es auch. Dein Körper und ich, wir sind beide so gebaut, dass wir uns nach jeder Anspannung oder Anstrengung erholen wollen, dann kann es wieder weitergehen. Es ist gut, wenn du darauf achtest, dass beides in deinem Alltag vorkommt. Und wenn du gerade eine besonders stressige Phase hast, dann brauchst du auch besonders viel Entspannung. Und die gibt es nicht nur beim Musikhören! Du könntest auch mal Sportarten wie Tai Chi oder Yoga ausprobieren. Bei ihnen kannst du Bewegung und Entspannung

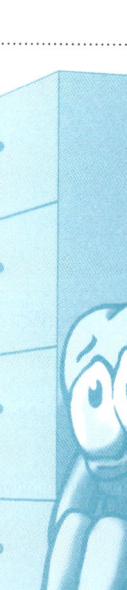

71

sogar miteinander verbinden. Wie gesagt: Ohne diese beiden, Bewegung und Entspannung, sitze ich ständig im Dunkeln und es geht nichts mehr.

Andererseits wird uns, deinem Körper und mir, mit einem Zuviel an Entspannung auch langweilig und wir wünschen uns Action. Auch die brauchen wir regelmäßig, sonst werden wir träge und fühlen uns nicht gut.

Wie wäre es zum Beispiel jetzt mit einer Runde Action? Ich glaube, du hast erstmal genug gelesen und ich würde auch gerne etwas in Ruhe puzzeln.

Da bist du ja wieder! Schön, dass wir weiterplaudern können! Ich hoffe, du hast dich von unserer Steinzeitreise gut erholt! Als wir die gemacht haben, hast du gesehen, dass man mit Stress und Angst nicht gut lernen kann und es einem sowieso nicht so gut geht. Anders sieht es aus, wenn du dich besonders gut fühlst. Dann kannst du sehr gut lernen. Darum ist es wichtig, dass du herausfindest, welche Dinge, Situationen, Menschen und Tätigkeiten dir guttun und dazu führen, dass du dich wohl fühlst. Überlege, was das sein könnte, und schreibe es hier auf:

Diese Dinge, die du hier aufgeschrieben hast, sollten regelmäßig in deinem Alltag vorkommen. Und immer, wenn du dich nicht gut fühlst, dann brauchst du das nicht einfach so hinzunehmen. Du könntest dich fragen:

 **TIPP**

Was brauche ich gerade, damit es mir wieder besser geht? Was könnte mir helfen? Meistens sind das Kleinigkeiten, wie ein Gespräch mit einem Freund oder das Hören einer bestimmten Musik. Wenn dir nichts einfällt, versuche es mit Bewegung. Gönne dir das, was dir guttut!

Sehr hilfreich, um erst gar keine trübe Stimmung aufkommen zu lassen, ist eine hoffnungsvolle und fröhliche Einstellung.

„Manchmal ist die aber gar nicht so leicht zu haben!", denkst du jetzt vielleicht. Ja, das stimmt. Aber man kann sie üben! Und das ist nicht einmal aufwändig oder schwierig. Es geht so:

TIPP

Jeden Abend vor dem Einschlafen überlegst du dir drei Dinge, die im zurückliegenden Tag gut gelaufen sind, die dich gefreut haben, es können auch Dinge sein, die du besonders gut gemacht hast, oder Momente, in denen du einfach Glück gehabt hast.

Wenn du magst, schreibe sie auf. Aber auf jeden Fall versuche, dich noch einmal genau daran zu erinnern, möglichst an jede Einzelheit daran. Erinnere dich auch noch einmal daran, wie gut du dich gefühlt hast! Damit hast du schon sehr viel für eine positive Einstellung getan, denn die Dinge, an die du direkt vor dem Einschlafen denkst, die merke ich mir besonders gut. Wenn du also abends an schöne Erlebnisse denkst, dann merke ich sie mir besser als die nicht so schönen Erlebnisse des Tages. Es bleibt dann das Gefühl zurück:

"Der Tag war schön!" Und daraus wird recht schnell die Idee:

"Der nächste Tag wird sicher auch schön!"

☞ TIPP

Diese Idee kannst du noch unterstützen, wenn du dir am Morgen noch vor dem Aufstehen drei Dinge überlegst, auf die du dich an diesem neuen Tag freust. Das müssen gar keine großen Sachen sein. Vielleicht freust du dich auf ein leckeres Frühstück oder auf eine Verabredung mit einem Freund, eine Trainingsstunde im Sportverein, darauf, eine gut gelungene Hausaufgabe in der Schule vorzulesen oder darauf, mal wieder Inlineskaten zu gehen.

Am besten ist es, wenn du für dich ein Ritual daraus machst, das jeden Tag wiederkehrt. Jeden Abend blickst du zurück auf den vergangenen Tag und erinnerst dich an die schönen Momente. Und jeden Morgen

freust du dich auf die schönen Dinge, die der neue Tag mit sich bringen wird.

Ein weiser Mensch hat einmal gesagt: „Man fährt immer dahin, wo man hinsieht." Das kannst du mit dem Fahrrad mal ausprobieren, aber sei dabei bitte vorsichtig.

 Übung

Du solltest das auf einer unbefahrenen Straße ausprobieren. Also: Du fährst ganz normal und schaust dann für ein paar Sekunden (etwa drei) nach links, während du weiterfährst. Du wirst feststellen, dass du in der Zeit, in der du nach links geschaut hast, auch ein Stück nach links gefahren bist. Mit der rechten Seite funktioniert es übrigens genauso. Und auch wenn du dich sehr darauf konzentrierst, dass du weiter geradeaus fahren möchtest, während du zur Seite schaust, ein kleines bisschen fährst du immer in die Richtung, in die du siehst. Und genauso ist es sonst im Leben auch: Wenn du dich auf die schönen Dinge, die dir so passieren, konzentrierst, steuerst du auto-matisch weitere schöne Dinge an und findest dein Leben toll. Grübelst du mehr über das Schlechte nach, dann überwiegt es auch in deiner Wahrnehmung und du hast das Gefühl, alles ist irgendwie schlecht.

Auch hier gilt, genau wie beim Fahrradfahren, dass du dahin fährst, wohin du schaust. Vielleicht denkst du ab und zu mal an diesen Satz, er ist sehr hilfreich.

Dasselbe gilt übrigens auch für das Lernen:

Wenn du an deinen Erfolg glaubst, einen guten Plan entwickelst, ihn dir möglichst genau vorstellst und daran glaubst, dass du ihn auch befolgen kannst, dann bewegst du dich schon auf den Erfolg zu. Wenn sich die ersten Erfolge dann einstellen, motiviert dich das und du fühlst dich richtig beflügelt. Die nächsten Ziele lassen sich dadurch immer leichter erreichen. Denn es gibt fast nichts, das mir so guttut wie Erfolg.

Und als Erfolg verbuche ich alles, was ein kleines bisschen besser geklappt hat als erwartet. Ich fühle mich dann großartig. Und je besser ich mich fühle, umso besser fühlst auch du dich. Je besser du dich fühlst, desto besser klappt es mit dem Lernen.

Hier muss ich leider dazu sagen, dass es diese Abfolge auch mit Misserfolg gibt: Der stellt sich immer dann ein, wenn du nicht so recht an dich und deinen Plan glaubst, und er zieht dich runter und ist ganz schön frustrierend. Bist du also eher zweifelnd und entwickelst keine Ideen dazu, wie du deinen Erfolg anpeilen möchtest und erinnerst dich vielleicht sogar an vergangene Misserfolge, über die du immer mehr nachgrübelst, dann geht es (dir) immer schlechter. Wenn sich dann ein Misserfolg einstellt, fühlst du dich in deinen Ansichten bestätigt und lässt die Ohren mehr und mehr hängen. Das tut dir gar nicht gut. Umso schwerer fällt es dir dann, dich wieder an den Schreibtisch zu setzen und mit dem Lernen neu zu beginnen. Und es ist dann auch schwer, an sich zu glauben und sich vorzustellen, dass man die gestellten Aufgaben schafft. Es geht also immer weiter bergab. Aber keine Sorge: Diesen Kreislauf kannst du durchbrechen: Setze dir zunächst wirklich kleine Aufgaben und feiere es, wenn du sie geschafft hast. Sage dir, dass das ein super Anfang ist und dass es so weitergehen wird, wenn du dranbleibst. Stell dir vor, wie du dich immer weiter an den Erfolg herantastest und entwirf einen guten Plan dazu. Und schon bist du auf der Erfolgsspur!

Also, denke immer an das, was du erreichen möchtest, und an den Weg dorthin. Freue dich auf die schönen Erlebnisse und Ergebnisse, die damit verbunden sein werden. Sei mutig und glaube an deinen Erfolg – freue dich darauf! Verwende nicht so viel Zeit darauf, darüber nachzudenken, was du vermeiden möchtest.

Wenn du zum Beispiel im Unterricht ein Referat halten sollst, dann mache einen guten Plan für die Vorbereitung.

Freue dich von Anfang an darauf, dass das Referat dir prima gelingen wird. Stelle dir das möglichst genau vor. Wenn du an dich glaubst, wird es gleich viel besser, als wenn du missmutig an die Sache herangehst.

Fang am besten doch gleich einmal mit den drei schönen Erlebnissen von heute und den schönen Dingen an, auf die du dich morgen freuen kannst. Hier sind ein paar Zeilen, um sie zu notieren:

Wir haben gerade ganz schön schwierige Themen besprochen. Und wo wir schon mal dabei sind, lege ich noch eins obendrauf. Ich will dir noch was von einem Thema erzählen, über das sonst meistens Erwachsene reden. Und das heißt „Pubertät".

Viele Erwachsene reden mit echt genervtem Unterton darüber und man ist sich nicht sicher, ob sie damit nicht eine Form von Krankheit oder Unzurechnungsfähigkeit meinen. Oft geht es dabei um Hormone, körperliche Veränderungen, um eine bestimmte Musikrichtung, die man lieber nicht hören oder einen Klamottenstil, den man lieber nicht tragen soll, um Zimmeraufräumen und Abends-nicht-solange-Wegbleiben. Du kennst das sicher.

Ich möchte dir jetzt noch etwas erzählen, das meistens nicht gesagt wird, wenn es um das – durchaus manchmal nervige – Thema „Pubertät" geht. In dieser Phase des Lebens nehme ich nämlich die größten Umbaumaßnahmen vor, die du dir vorstellen kannst. Und auch die größten, die ich mir vorstellen kann. Und zwar an mir selbst!

In dieser Zeit stelle ich mein Lagerhaltungssystem komplett um. Zunächst schmeiße ich alle Puzzles raus, die du nur als Kind gebraucht hast und die für einen Erwachsenen nicht mehr funktionieren. Und dann baue ich alle möglichen Puzzles um und verbinde sie neu miteinander. Natürlich muss ich sie dann auch nach einem anderen System sortieren. Das kann übrigens dazu führen, dass du manchmal

....
....
....
....
....
....

das Gefühl hast, dich selbst nicht so richtig zu kennen. Vielleicht wunderst du dich ab und zu über dich und findest Sachen, die du denkst oder machst, ganz komisch und ungewohnt. Höchstwahrscheinlich hat das mit meinen Umbaumaßnahmen zu tun. Die führen übrigens dazu, dass dein Gehirn etwa ab deinem zwölften Lebensjahr ein bisschen schrumpft. Das liegt an den weggeworfene Puzzles und aufgelösten Puzzleverbindungen. Aber keine Sorge, das tut weder weh noch ist es schlimm. Es ist sogar ganz normal.

 **TIPP**

Eine Sache dabei solltest du wissen: In dieser Zeit kann ich ein bisschen schlechter, als es normaler Weise der Fall ist, Gesichtsausdrücke erkennen. Ich bekomme also nicht so schnell mit, ob jemand gut gelaunt, genervt, wütend oder traurig ist. Und deshalb kann ich dich darüber dann auch nicht so gut informieren. Das führt mit ziemlicher Sicherheit manchmal zu Missverständnissen zwischen dir und deinen Freunden oder der Familie. Das ist doof, aber auch nicht so schlimm, wenn alle wissen, dass es nicht böse gemeint ist und an meinen Umbaumaßnahmen liegt. Versuche einfach, möglichst offen über diese Missverständnisse zu reden.

Und in einer Sache werde ich auch deutlich besser, und das ist die so genannte Feinmotorik. Alles, was mit genauen und feinen Bewegungen und Bewegungsabläufen zu tun hat, gelingt dir in dieser Zeit immer besser. Wenn du zuvor schon ein recht geschickter Computerspieler warst, dann wirst du jetzt ein richtiger Champion. Hast du bisher gut gemalt, dann kannst du jetzt zu einem richtigen Künstler werden. Du tippst schneller als bisher SMS (und das ist nicht nur praktisch, sondern auch sehr wichtig, denn du möchtest dich noch mehr als zuvor mit Freundinnen und Freunden austauschen) und auch deine Schrift wird – vor allem mit ein bisschen Übung – gleichmäßiger und schöner als zuvor.

D a bin ich wieder – zurück von der Baustelle, wo ich aber ganz gerne herumwerkele, denn wie ich dir vorhin schon erzählt habe, bin ich kein großer Theoretiker, sondern eher praktisch orientiert.

Am Zuhören und Zugucken allein habe ich wenig Spaß, wenn es dabei bleibt. Nur wenn du das Gehörte und Gesehene auch gleich selbst ausprobieren und umsetzen kannst, bin ich glücklich. Und übrigens merke ich mir auch nur solche Dinge gut, die du praktisch umgesetzt und selbst durchgeführt hast. Alles andere vergesse ich relativ schnell wieder. Stell dir zum Beispiel vor, du guckst zu, wie jemand ein Fahrrad auseinandernimmt und anschließend wieder zusammenbaut. Dann gehst du nach Hause und willst dort selbst dein eigenes Fahrrad auseinander und wieder zusammenbauen, weil es kaputt ist. Gelingt dir das?

Nein!

Weil ich mich schon nicht mehr genau daran erinnern kann, wie es geht. Wenn du dein eigenes Rad dabei gehabt hättest, als der andere sein Fahrrad repariert hat, dann hättest du direkt mitmachen können. Du hättest dir einfach abgeguckt, wie man es macht, und falls eine

Frage oder ein Problem aufgetaucht wäre, hätte er als Experte dir auch weiterhelfen können.

Was sagt dir dieses Beispiel nun?

Es sagt dir: Graue Theorie führt nicht unbedingt zu mehr grauen Zellen.

Erklärung

Viele Leute benutzen die Redewendung „graue Zellen", wenn sie mich als Gesamtes, also ein Gehirn, meinen. Dabei ist nur ein Teil von mir grau, es gibt auch einen weißen. Und überhaupt klingt „grau" furchtbar unschön, find ich, und stimmt auch gar nicht, denn es ist vielmehr ein Blassrosa als ein Grau.

Stattdessen gilt: Je mehr Eigenaktivität du entwickelst und je selbstständiger du handelst, umso besser kann ich puzzeln. Außerdem macht Selbst-Ausprobieren ja auch viel mehr Spaß als nur zuzugucken – vor allem in den Unterrichtsstunden, dazu hab ich dir ja schon einiges erzählt.

Im Kapitel 6, Band I kannst du es nochmal nachlesen.

Ein schlauer alter Chinese hat das übrigens sehr schön ausgedrückt. Er hieß Konfuzius, lebte vor etwa 2500 Jahren in China und sagte einmal:

„Sage es mir, und ich werde es vergessen. Zeige es mir, und ich werde es vielleicht behalten. Lass es mich tun, und ich werde es können."

Auch wenn es damals in China noch keine Fahrräder gab, passt das doch wunderbar zu unserem Beispiel.

Fallen dir vielleicht noch weitere ähnliche Beispiele wie das mit dem Fahrrad ein, die du selbst schon erlebt hast?

Zugehört oder zugeguckt und schnell wieder vergessen ☹	Selbst gemacht und gut behalten ☺

Jetzt fragst du dich vermutlich, was das Fahrradbeispiel mit Unterrichtsfächern wie Geschichte oder Biologie zu tun hat. Wenn es darum geht, zu lernen, wie man ein Fahrrad repariert, ist es ja einfach, das selbst auszuprobieren. Aber man kann ja nicht mal eben die Ursachen und Folgen der Französischen Revolution erschaffen, um sie selbst zu erleben. Und natürlich kannst du auch keinen Tsunami auslösen, um zu sehen, wie ein solcher entsteht. Du hast absolut Recht mit diesen Einwänden, aber hier kommt eine meiner tollsten Fähigkeiten ins Spiel: Kommunikation.

Das heißt: mit anderen reden. Wenn dir jemand etwas erzählt, gelingt es mir in Bruchteilen von Sekunden, die Schallwellen, die durch dein Ohr zu mir kommen, als sinnvolle Worte zu erkennen und deren Bedeutung für dich zu entschlüsseln. Und wenn du deinem Gegenüber daraufhin etwas entgegnen möchtest, verwandele ich deine Gedanken in möglichst gut gebaute und verständliche Sätze und steuere deine Lippen, Zähne, Zunge und noch ein paar weitere Körperteile, damit die entsprechenden Laute entstehen.

Was das nun mit der Französischen Revolution und einem Tsunami zu tun hat? Nun, du kannst zwar mit deinen Worten keine Monsterwelle auslösen, aber du kannst die Ursachen und Zusammenhänge sehr genau darstellen:

Zum Beispiel kannst du jemandem, der davon gar keine oder viel weniger Ahnung hat als du die Dinge beschreiben. Wenn du das tust, schlägst du gleich zwei Fliegen mit einer Klappe:

Erstens ist das die allerbeste Möglichkeit, um zu überprüfen, ob du es wirklich verstanden hast. Du kennst vielleicht die Redewendung **„Woher soll ich wissen, was ich denke, bevor ich gehört habe, was ich sage?" Darin steckt viel Wahres**. Denn häufig bilde ich mir ein, etwas schon total gut verstanden zu haben. Ich gebe zu: Da gaukele ich dir und mir dann auch manchmal etwas vor und wiege uns in falscher Sicherheit. Aber das ist nicht böse gemeint – ich überschätze mich dann nur etwas. Das ist mir zwar etwas peinlich, aber ich kann es leider nicht ändern. Was ich tatsächlich draufhabe, merken wir beide erst, wenn wir versuchen, es in Worte zu packen und möglichst genau zu erzählen.

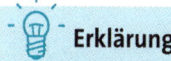 **Erklärung**

Denn nur, was man auch erklären kann, hat man auch wirklich verstanden.

Dafür ist es zwar von Vorteil, wenn dein Gegenüber Ahnung vom Thema hat und dich korrigieren kann, aber unbedingt notwendig ist das nicht. Du wirst schnell merken, ob du die Erklärung in flüssiger Sprache und klarem Satzbau vortragen kannst oder aber ob du schnell ins Stocken kommst und dich immer wieder in deinen eigenen Erklärungen verhedderst.

Noch viel wertvoller ist aber der zweite Effekt: Erinnerst du dich daran, was ich dir zum Thema Lesen erzählt habe?

 *Nein? Dann lies vielleicht noch mal nach im Kapitel 3.*

Ich behalte Informationen und Zusammenhänge nicht dann gut, wenn du sie dir besonders oft durchliest, anguckst oder anhörst, sondern wenn du sie möglichst oft in eigenen Worten wiedergibst und zusammenfasst. Aus meiner Sicht bedeutet das:

Erklärung

Je öfter ich die entsprechenden Puzzles hervorkramen muss, die du benötigst, um die Worte und Sätze wie gewünscht formulieren zu können, umso besser kann ich sie danach wieder wegräumen und desto schneller finde ich sie beim nächsten Mal wieder, wenn du die Informationen erneut benötigst. Und genau das passiert, wenn du mit jemandem über die Entstehung von Tsunamis sprichst –

oder über irgendein anderes Thema. In dem Moment, wo du es in Worte fassen und erzählen willst, muss ich mich daran erinnern, also alle Einzelheiten – alle einzelnen Puzzleile zu dem Thema – wieder hervorkramen und in die richtige Reihenfolge bringen. Und das kommt praktisch einer Art „Datensicherung" gleich, denn gleichzeitig, während du redest, vervollständige ich das Puzzle und füge die einzelnen Puzzleteile fest zusammen, so dass die Verbindungen bestehen bleiben und ich beim nächsten Mal, wenn dich einer nach dem Thema fragt, gleich das vollständige Puzzle hervorkramen kann und nicht wieder von vorn beginnen muss, die einzelnen Informationen zu suchen.

Die alte Redewendung „Reden ist Silber, Schweigen ist Gold" müsste also dringend umgedreht werden, wenn uns Gehirne mal jemand fragen würde:

Wer viel redet, lernt auch viel.

Okay, das kommt natürlich darauf an, was du so redest.

Aber um mal bei unserem Beispiel zu bleiben: Je mehr Leuten du erzählst und erklärst, wie es zur Französischen Revolution kam, umso besser und langanhaltender kann ich es abspeichern und zu einem späteren Zeitpunkt dann problemlos darauf zurückgreifen.

Falls deine Mutter oder dein Vater also auch zu den Eltern gehören sollten, die die Angewohnheit haben, dich beim Mittagessen oder Abendbrot regelmäßig zu fragen, was du in der Schule gemacht oder gelernt hast, dann gibt es aus meiner Sicht keinen Grund, das als nervige Kontrolle aufzufassen. Stattdessen bin ich ihnen dankbar dafür, dass sie mir die Gelegenheit geben, auszuprobieren, was ich alles behalten habe, und das Ganze dabei auch gleich noch zu sichern. **Selbst reden macht mir darum grundsätzlich mehr Spaß als Zuhören.**

Es ist somit überhaupt nicht verwunderlich, dass ich ein wahres Plappermaul bin. Ich quatsche eigentlich pausenlos vor mich hin. Tagsüber genauso wie nachts, wenn du schläfst – ich führe eigentlich rund um die Uhr Selbstgespräche.

Das hilft mir, all die Informationen und Eindrücke besser einzuordnen, damit ich später gut auf sie zurückgreifen kann. Manchmal kannst du mir bei meinen Selbstgesprächen zuhören, aber meistens bekommst du das gar nicht mit – und das ist auch gut so, weil ich lieber aufräume, wenn ich mich dabei unbeobachtet fühle.

Reden gehört neben Lernen ohne Frage zu meinen absoluten Lieblingsbeschäftigungen. Und nicht nur die Selbstgespräche, sondern auch deine Gedanken in Worte zu fassen, macht mir viel Spaß. Genau genommen ist es nicht meine zweitliebste Lieblingstätigkeit nach dem Lernen, sondern beides gleichzeitig begeistert mich. Denn immer wenn du redest, lerne ich ja auch dabei.

Übung

Probier es doch gleich mal aus. Nimm den Erstbesten, der gerade in der Nähe ist, und erzähle ihm, was du in diesem Kapitel bisher über mich erfahren hast! Und wenn gerade niemand in der Nähe ist, erzähle es einfach deinem Haustier oder Kuscheltier oder deinem besten Freund oder besten Freundin. Das geht genauso gut ...!

Falls du dich jetzt fragst, was du machen sollst, wenn du nicht einen, sondern zwei beste Freunde hast, kann ich dich beruhigen: Natürlich funktioniert das Ganze auch zu dritt, ist doch logisch. Übrigens habe ich dir ein wichtiges Argument für das gemeinsame Lernen bisher verschwiegen:

Man lernt nämlich nicht nur mehr und besser, sondern es macht auch viel mehr Spaß! Wir Gehirne sind nämlich alles andere als Einzelgänger; wir sind äußerst gesellige Wesen und lieben es, mit anderen Gehirnen zusammen zu sein und uns auszutauschen. Leider haben die meisten Schüler andere Gewohnheiten und arbeiten im Unterricht und vor allem zu Hause bei den Hausaufgaben und beim Lernen für Klassenarbeiten fast immer allein.

Ich hätte nichts dagegen, wenn du daran etwas ändern würdest. Lass es doch mal auf einen Versuch ankommen! Du wirst merken, dass es nicht nur mehr Spaß macht, zu zweit für Klassenarbeiten zu lernen und die Hausaufgaben zu machen, sondern dass ich dadurch auch mehr behalten kann und die Ergebnisse besser ausfallen.

Ist doch auch komisch, dass wir alles andere, was wir im Alltag so machen und lernen, gemeinsam mit anderen machen. Sprechen lernen, Fußball spielen, Verstecken, Kuchen backen oder auf Bäume klettern und vieles mehr. Das alles lernt man am besten gemeinsam und es macht auch mehr Spaß. Nur wenn es um Schule geht, werden plötzlich alle zu Einzelgängern.

Dabei hat das gemeinsame Lernen auch Vorteile für deine Nachmittagsplanung.

Ich bin nicht besonders gut darin, alle Hausaufgaben auf einmal zu erledigen. Mehr dazu erfährst du in Band 3, Kapitel 3.

Natürlich hängt das auch immer davon ab, wie viel du gerade an einem Nachmittag zu tun hast. Wenn du nach 30 Minuten mit allen Aufgaben fertig bist, ist es auch überhaupt kein Problem, wenn du mal alles am Stück machen möchtest. Aber länger als 60 Minuten ohne Unterbrechung kann ich mich auf keinen Fall konzentrieren. Spätestes dann brauche ich eine kleine Abwechslung und Erholung. Und grundsätzlich mag ich es halt viel lieber, das Lernen und Arbeiten über den Nachmittag zu verteilen und zwischendurch immer wieder etwas ganz anderes zu machen.

Wenn du erst alles für die Schule erledigt haben willst, bevor du dich mit deinen Freunden triffst, geht das natürlich kaum. Aber wenn ihr vielleicht auch manchmal gemeinsam Hausaufgaben macht und lernt, ist das gar kein Problem mehr. Ihr könnt euch gleich nach der Schule treffen, zusammen essen und dann den ganzen Nachmittag zusammen verbringen und dabei ganz abwechslungsreich immer ein paar Hausaufgaben und dann wieder etwas anderes machen

Genauso, wie wir Gehirne das gerne mögen.

Vielleicht hast du Lust, es einfach mal mit einem oder einigen deiner Mitschüler auszuprobieren?

Aber warte mal – bevor du gleich zum Telefon greifst, um die ersten Verabredungen für morgen klarzumachen, fällt mir noch was Wichtiges ein:

☞ **TIPP**

Das Ganze funktioniert nur, wenn zuerst jeder für sich arbeitet und ihr danach die Ergebnisse vergleicht und besprecht.

 **Erklärung**

Wenn ihr die Aufgaben aufteilt und anschließend jeder vom anderen abschreibt, mag das vielleicht Zeit sparen – aber ich lerne

93

dabei gar nichts, und Spaß macht es mir auch nicht. Auch wenn ihr von Anfang an alle Aufgaben gemeinsam bearbeitet, ist die Gefahr sehr groß, dass nur einer sein Gehirn benutzt, während der andere sich entspannt zurücklehnt und ihn machen lässt. Wenn ich nur beim Lernen eines Anderen zuschaue, lerne ich nichts, denn wie ich dir zu Beginn dieses Kapitels schon erzählt habe, behalte ich nur die Dinge, die ich selbst durchdacht, ausprobiert, gemacht habe. Am besten geht ihr also immer in zwei Schritten vor:

Übung

1. Jeder arbeitet in Ruhe für sich allein. Dabei verarbeite und speichere ich alles schon ein erstes Mal.
2. Ihr stellt euch der Reihe nach eure Ergebnisse vor, stellt fest, welche Gemeinsamkeiten und Unterschiede auftreten, und unterhaltet euch darüber, was die beste Lösung ist. Je länger und intensiver ihr euch austauscht, desto besser. Dabei vertieft sich nicht nur mein Wissen, sondern es wird auch alles nochmals besser und dauerhafter abgespeichert. Und du weißt ja: doppelt hält besser.

Damit du mich richtig verstehst: Das heißt jetzt überhaupt nicht, dass erstmal jeder bei sich zu Hause sitzt und ihr euch erst danach zum

Vergleichen und Besprechen trefft. Selbstverständlich könnt ihr auch beim ersten Schritt schon im selben Raum und auch am selben Tisch sitzen. Dabei muss man natürlich ein bisschen aufpassen, dass dann wirklich jeder für sich arbeitet und nicht beim Anderen guckt und ihr noch nicht über die Aufgaben redet. Ein bisschen so wie bei einer Klassenarbeit – nur dass keiner aufpasst, der euch ermahnt, wenn ihr abguckt. Das musst du jetzt selbst machen; es ist deine Entscheidung und deine Verantwortung.

Zum Schluss kann ich dir noch ein weiteres Geheimnis über mich verraten: Wir Gehirne sind nicht nur sehr gesellig, wir genießen es auch, immer in anderer und möglichst abwechslungsreicher Gesellschaft zu sein. Denn jeder Mensch und jedes Gehirn ist anders. Jeder hat andere Interessen, andere Stärken, andere Spezialgebiete. Wenn du nun immer mit dem gleichen Mitschüler zusammen lernst, kannst du zwar vieles von seinen Stärken übernehmen, aber es sind eben immer dieselben Dinge, die du beim ihm sehen und von ihm lernen kannst. Wenn du aber immer mit anderen Leuten zusammen lernst, die viele verschiedene Eigenschaften und Stärken haben, dann kannst du dir all diese Dinge zu eigen machen. Außerdem wirst du durch neue, ungewohnte Lernpartner auf neue, bisher völlig unbekannte Ideen und Sichtweisen kommen. Genau das ist es, was ich so sehr liebe: neue Gedanken, Meinungen und Ideen, die zu einem richtigen „Aha"-Erlebnis führen. „Ach so, so kann man das auch sehen!", „Das wusste ich ja noch gar nicht!", „Das ist ja eine interessante Sichtweise!" oder „Auf die Idee bin ich ja noch nie gekommen!". Wie ich schon mehrfach betont habe, ist Lernen tatsächlich meine absolute Lieblingsbeschäftigung. Und je mehr Anregungen von verschiedenen Seiten ich bekomme, umso wohler fühle ich mich.

Überleg doch mal, wie oft und zu welchen Gelegenheiten du schon mit anderen zusammen lernst!

Mit wem könntest du dir vorstellen, zusammen zu lernen und Hausaufgaben zu machen? Frag doch gleich mal nach, wann diese Leute Zeit haben, und schreibe es dir auf!

Wie könnte eine gelungene, abwechslungsreiche Nachmittagsgestaltung mit Freunden für dich aussehen?

Was zu Hause gilt, ist in der Schule übrigens nicht anders. Da mache ich keinen Unterschied. Auch in der Schule fühle ich mich pudelwohl und lerne am besten, wenn du oft mit anderen in Gruppen arbeitest und möglichst viel über die Unterrichtsthemen und alles, was damit zusammenhängt, redest.

Wie du auch beim Lesen mit anderen zusammenarbeiten kannst, erzähle ich dir jetzt:

Gemeinsames Lernen beim Lesen

In höheren Klassenstufen wird es immer häufiger vorkommen, dass du auch längere und komplizierte Texte als Hausaufgabe oder Vorbereitung auf Klassenarbeiten liest. Bei solchen Texten ist das gemeinsame Lesen besonders hilfreich. Allerdings muss ich ehrlicherweise sagen, dass diese Methode nicht ganz einfach ist. Bevor ihr sie ausprobiert, solltest du sichergehen, dass du schon gut allein mit Texten klarkommst und möglichst viele der Strategien, die ich dir in Kapitel 3 vorgestellt habe, kennst und anwenden kannst. Wenn du dir nicht so sicher bist, kannst du natürlich jederzeit noch einmal nachlesen, was sich hinter der Drei-Stufen-Methode verbirgt oder wie man sinnvoll Randnotizen macht.

Gemeinsam Lesen funktioniert am besten zu viert. Es gibt nämlich immer vier Aufgaben, die bei jeder Runde wechseln.

 Übung

Erstens: Mehrere Runden gibt es, weil ihr den Text in mehrere Abschnitte einteilt, die dann stückchenweise gelesen werden. Wichtig ist, dass hierbei – im Gegensatz zu anderen Methoden – immer jeder alle Texte liest.

Zweitens: Anschließend sprecht ihr darüber. So gibt es einen regelmäßigen Wechsel von Lesephasen und Gesprächsphasen. Allerdings wird in den Lesephasen nicht nur gelesen, sondern jeder bereitet auch schon seine Aufgabe vor, die er dann in der folgenden Gesprächsphase präsentiert.

Drittens: Genauer gesagt läuft es so ab: Jeder erhält eine Aufgabe. Der Erste überlegt sich Fragen zum Text, die dann von den anderen in der Gesprächsphase beantwortet werden müssen. Wichtig ist, dass die Fragen nicht zu leicht und nicht zu schwer sind und dass alle wichtigen Informationen damit abgefragt werden.

Viertens: Danach präsentiert der Zweite eine Textzusammenfassung in eigenen Worten. Die anderen hören zu und achten darauf, dass nichts Wichtiges fehlt. Hinterher, wenn der Sprecher fertig ist, ergänzen sie dann das, was er vergessen hat. Der Sprecher sollte unbedingt immer in Ruhe ausreden dürfen und nicht unterbrochen werden, denn vielleicht kommt das Fehlende ja noch. Außerdem achten die Zuhörer darauf, dass die Zusammenfassung in leicht verständlicher, jugendgerechter Sprache formuliert ist und machen gegebenenfalls Verbesserungsvorschläge.

Fünftens: Der Dritte hat dann die Aufgabe, auf besonders schwierige Textstellen und schwer verständliche Fremdwörter hinzuweisen. Denn häufig werden diese bei den Fragestellungen und bei der Zusammenfassung einfach übersprungen. Daher ist es wichtig, dass einer besonders auf diese Textstellen achtet und die anderen dann dazu auffordert, diese Wörter oder Textstellen zu erklären. Selbstverständlich muss er diese wirklich verstehen, um

beurteilen zu können, ob die Erklärungen der anderen richtig waren. Dabei ist ein Fremdwörterlexikon sehr hilfreich. Mehr dazu in Kapitel 3.

Sechstens: Eine besonders interessante Aufgabe hat der Vierte: Er macht eine Vorhersage, was wohl im nächsten Textabschnitt passieren könnte bzw. welche Informationen dort zu erwarten sind. Die anderen machen sich Notizen und überprüfen später, ob die Prognose gestimmt hat. Anschließend liest jeder für sich den nächsten Abschnitt und die Aufgaben wechseln um jeweils eine Position. Das heißt, wer eben die Eins war, macht jetzt die Zwei; wer Zwei war, wird Drei, wer Drei war vier und die Vier wird die Eins.

Verstanden? Hier hast du noch einmal alle Aufgaben im Überblick:

Nummer	Aufgabe für den Bearbeiter	Aufgabe der drei Anderen
1	Fragen zum Text formulieren	Fragen beantworten
2	Textinhalt zusammenfassen	Fehlendes ergänzen
3	Auf schwierige Wörter und Textstellen hinweisen und die Bedeutung kennen	Schwierige Wörter und Textstellen erklären
4	Vorhersagen, wie der Text weitergeht	Überprüfen, ob die Vorhersage stimmt

Falls ihr nur zu dritt seid, ist das übrigens nicht so schlimm. Die Aufgabe Nummer vier fällt dann weg. Alles andere bleibt wie gehabt. Das funktioniert dann auch. Oder ihr überlegt gemeinsam, was wohl im folgenden Textabschnitt passiert.

Zu zweit wird es schon schwieriger. Dann fallen Aufgabe 1 und 3 zusammen und müssen von derselben Person bearbeitet werden.

Grundsätzlich könnt ihr diese Lesestrategie natürlich nicht nur zu Hause anwenden, sondern auch im Unterricht. Schlagt es eurem Lehrer doch mal vor!

Und dann ist es natürlich auch wichtig, das Gelesene nicht gleich wieder zu vergessen, sondern möglichst lange zu behalten. Darum geht's im nächsten Kapitel. Aber natürlich kannst du auch erstmal eine Pause machen, bevor du weiterliest. Ich hätte auf jeden Fall nichts dagegen.

Hallo, schön, dass du wieder da bist! Ich habe schon seit gestern Abend einen Knoten in einer meiner Gehirnwindungen. Den habe ich da reingemacht, weil ich auf keinen Fall etwas vergessen wollte ...

Äh, was war es doch schnell?

Warte, gleich fällt es mir wieder ein ...

Ganz bestimmt ...

Hmmm ...

Ach ja, ich hab's!

Ich wollte dir etwas über das Vergessen erzählen. Es klingt vielleicht ein bisschen wie eine schlechte Nachricht für dich, aber genau wie das Lernen, geschieht das Vergessen jeden Tag. Es passiert ganz automatisch und ohne, dass du etwas davon bemerkst. Und das ist auch gut so. Ich habe dir ganz am Anfang unseres Kennenlernens mal erzählt, dass du etwas vergisst, wenn ich meine hergestellten Puzzleteile aus deinen Erlebnissen nicht einbauen kann und deshalb aussortiere und wegwerfe. Dieses Aussortieren nehme ich ständig vor, damit ich nicht irgendwann durch riesige Haufen nichteinbaubarer

103

Puzzleteile waten muss und darunter schließlich die fertig zusammengepuzzelten Teile nicht mehr finde. Das ist nämlich eine Horrorvision für mich! Schrecklich, die Vorstellung, ich könnte eines Tages unter Bergen von uneingebauten Puzzleteilen begraben sein … Niemand könnte dann meine schönen fertigen Puzzles wiederfinden. Und wenn niemand meine Puzzles fände, dann heißt das für dich, du könntest dich an rein gar nichts mehr erinnern. Damit das nicht passiert, sortiere ich ständig aus.

Anders gesagt: Damit du dich zuverlässig an wichtige Dinge erinnern kannst, ist es nötig, dass du unwichtige Dinge vergisst. Dafür sortiere ich aus. Aber du kennst mich inzwischen gut genug, um zu vermuten, dass selbst die entsorgten Puzzleteile nicht unwiderruflich weg sind. Dazu ist meine Sorge zu groß, ich könnte versehentlich ein Puzzleteil aussortieren und entsorgen, das doch noch irgendwie wichtig ist. Du kannst dir meine Entsorgungsstrategie ungefähr so vorstellen: **Alle unpassenden Teile schiebe ich erstmal ganz nach hinten in mein Lagerhaltungssystem, damit ich vorne Platz zum Weiterpuzzeln habe.** Beim Puzzeln renne ich manchmal schnell nach hinten und gucke noch mal, ob nicht doch eines der Teile passt. Wenn nicht, schiebe ich sie immer weiter weg und die neu aussortierten Teile liegen davor.

Ganz regelmäßig – meistens wenn du schläfst – hole ich dann einen Besen raus und fege ganz an der Wand meines Lagerungssystems die

äußersten Puzzleteile weg. Die stehen dann noch eine Weile in einer
großen Kiste im Keller und schließlich kommt die Müllabfuhr und holt
sie ab. Und wenn ich dann schon beim Fegen bin, dann mache ich in
meiner Lagerhaltung auch manchmal Schubladen auf und hole stein-
alte Puzzles heraus, die schon ganz eingestaubt und vergilbt sind. Das
sind die Dinge, an die du dich schon sehr lange nicht mehr erinnert
hast. Diese Puzzles verblassen immer mehr – bis man irgendwann gar
nichts mehr darauf erkennen kann. Wenn es so weit gekommen ist,
dann werfe ich sie auch weg. Ich bin nämlich immer froh, wenn ich
wieder Platz in meiner Lagerhaltung habe.

Du denkst, ich bin ein
kleiner Ordnungs- und
Sortierfanatiker?

Ja, also, das kann schon
sein.

Schließlich nehme ich
meinen Job sehr ernst!
Ich trage ja auch eine
große Verantwortung,
jawohl! Und ich mache
meine Sache ziemlich
gut, finde ich.

Jetzt findest du, dass Eigenlob stinkt?

Diesen Satz vom Eigenlob, das angeblich stinkt, habe ich schon häufiger mal gehört. Und jedes Mal habe ich mir gedacht, dass dieser Satz ziemlich doof ist. Wenn du mich fragst, dann kann man sich ruhig für Sachen loben, die man gut gemacht hat. Ich finde sogar, man sollte das unbedingt tun! Du solltest dann stolz auf dich sein und dich ausgiebig loben! Du fragst, warum du das tun solltest? Ganz einfach: Weil es stimmt. Wenn du etwas gut gemacht hast, dann ist das allemal ein Lob wert! Also: Lobe dich dafür! Sage dir:

„Das habe ich wirklich gut gemacht!" Oder:

„Super, dass ich das geschafft habe! Das ist wirklich eine tolle Leistung!" Oder:

„Ich bin stolz auf mich!"

Wenn ich manchmal den Gesprächen von Menschen zuhöre, dann höre ich ganz oft gegenseitige Kritik. Häufig sind solche Sätze zu hören: „Das solltest du besser machen." oder „Du kannst dir noch mehr Mühe geben." oder „Du hast das und das falsch gemacht." Und weil die Menschen sich gegenseitig sehr oft solche Sätze sagen, sagen sie die dann auch recht oft zu sich selbst. Und weißt du, was dann passiert? Die Menschen fühlen sich schlecht und sind immer mehr verunsichert. Irgendwann nehmen sie nur noch wahr, was sie alles falsch machen oder besser machen könnten oder wo sie immer noch nicht perfekt sind und was sie alles nicht können. Und das macht ziemlich unglücklich. Es ist viel besser, sich zu sagen, was man gut kann, was einem Spaß macht und was man schon erreicht hat. Dann fühlt man sich gut und möchte noch mehr schaffen. Und: Man glaubt dann auch, dass man mehr schaffen kann!

Also: Eigenlob stinkt überhaupt nicht, Eigenlob ist super!

Schreibe mir doch bitte jetzt gleich mal alles auf, wofür du dich loben kannst. Vielleicht kommt dir das etwas seltsam vor, weil du es gar nicht gewohnt bist, dir und mir vor Augen zu führen, was du gut gemacht hast. Dann ist es ganz besonders wichtig, dass du diese Übung machst. Sie wird dir guttun. Auf der nächsten Seite habe ich dir ein paar Zeilen für die Dinge hingemalt, auf die du stolz sein kannst und für die du dich loben kannst. Wenn diese Zeilen dir nicht ausreichen, dann nimm dir noch ein zusätzliches Blatt dazu und schreibe darauf weiter! Vielleicht brauchst du auch zwei Blätter. Oder drei. Her mit allen deinen Heldentaten, deinen Talenten, Errungenschaften und so weiter! Schreib nicht nur die ganz großen auf, sondern auch die kleinen. Es gibt sehr viele davon, das weiß ich! Sei mutig und schreibe alle auf!

Und, wie fühlt sich das jetzt an, sich auch mal zu loben? Auch wenn du es noch sehr ungewohnt findest, hast du sicher schon eine Idee davon, dass es dir gut tut, oder? Es ist eine sehr gute Idee, sich jeden Abend vor dem Einschlafen drei Dinge zu sagen, die man an diesem Tag gut gemacht hat. Und sich dafür ausgiebig zu loben und sich darüber zu freuen.

So, jetzt bin ich völlig vom Thema abgekommen, aber das passte gerade gut und ich wollte es schon lange mal sagen.

Das Thema war **Vergessen**.

Also: wie schon gesagt, gehört das Vergessen zum Lernen dazu. Ärgerlich ist es bloß, wenn man etwas vergisst, das man zum Beispiel noch für eine Klassenarbeit braucht.

Aber glücklicherweise gibt es ein sehr gutes Mittel gegen das Vergessen und das heißt **Wiederholen**. Man kann auch **Üben** dazu sagen. Du bist nicht begeistert und findest Wiederholen und Üben ziemlich langweilig? Das geht recht vielen Menschen so, dabei muss es gar nicht so sein. Wenn du bisher **Wiederholen** und **Üben** für eine langweilige Angelegenheit gehalten hast, dann hast du wahrscheinlich nicht auf die richtige Art und Weise wiederholt. Denn je nachdem, **wie** man wiederholt und übt, ist es entweder furchtbar öde und sogar stumpfsinnig oder richtig lustig und sinnvoll.

Also, ich verrate dir jetzt, wie Üben Spaß machen kann. Dazu schauen wir uns an, was dieses Üben und Wiederholen eigentlich ist, was ich dabei zu tun habe und wie du bisher geübt und wiederholt hast. Danach überlegen wir, wie es besser funktionieren kann.

Wir sehen uns erstmal an, was Üben und Wiederholen für die Schule ist, denn darum geht es mir zunächst. Wenn du etwas wiederholst oder übst, dann hast du es zuvor im Unterricht oder in Hausaufgaben kennengelernt und möchtest dich daran erinnern und es durch das Üben und Wiederholen besser behalten. Ziel ist also, dass du dir die Dinge, die du wiederholst und übst, besser merken kannst.

Man kann es aber auch so ausdrücken: Eigentlich bin ich es, der wiederholt, wenn du versuchst, dich an etwas zu erinnern, das du im Unterricht oder in deinen Hausaufgaben kennengelernt hast. Ich hole in diesem Moment das von mir angefangene Puzzle zu diesem Thema wieder hervor, ich hole es wieder. Ich w i e d e r - h o l e es.

Das geht natürlich dann ganz besonders gut, wenn das Puzzle schon aus möglichst vielen zusammengebauten Teilen besteht und nicht viele noch uneingebaute Einzelteile dazugehören. Das heißt es geht dann gut, wenn du beim Kennenlernen der Sachen, um die es geht, auf ihre Zusammenhänge geachtet hast und versucht hast, diese gut zu verstehen.

Je häufiger ich ein Puzzle wieder hervorhole, das heißt je häufiger du versuchst, dich an diese Sache zu erinnern, umso besser kannst du sie dir merken. Je häufiger du an diese Sache denkst, desto häufiger hole ich das zugehörige Puzzle hervor und weiß deshalb auch genau, wo es liegt. Ich finde es schnell und kann vielleicht auf dem Weg auch noch das eine oder andere Teil einbauen. Wenn ich ein Puzzle sehr oft hin- und hertrage, dann klebe ich meistens die Puzzleteile mit Kleister zusammen, damit auf dem Weg nichts verloren geht. Solche Sachen vergisst du dann nicht so schnell wieder.

Wenn du etwas gut lernen und lange behalten möchtest, dann ist es gut, oft daran zu denken. Und die gute Erinnerung fängt schon beim Verstehen an, nicht erst beim Wiederhervorholen. Deshalb sind die Lernmethoden, die ich dir in Kapitel 2 vorgestellt habe, nämlich das Lernbild und die Mindmap, so gut. Diese Methoden eignen sich natürlich prima zum Wiederholen.

Wenn du überprüfen möchtest, ob du ein Thema gut verstanden hast, dann kannst du eine besonders anspruchsvolle Übung probieren:

Übung

Erstelle ein möglichst gutes Arbeitsblatt zu diesem Thema!

Arbeitsblätter kennst du bestimmt aus dem Unterricht. Wenn sie gut aufgebaut sind, dann findest du auf ihnen die folgenden Punkte:

- Das Thema wird ausführlich erklärt.

- Es werden anschauliche Beispiele dazu genannt.

- Wichtige Regeln zum Thema werden genannt und meistens hervorgehoben.

- Es gibt unterschiedliche Übungen zu dem Thema.

Außerdem ist ein Arbeitsblatt ansprechend gestaltet und enthält vielleicht sogar Bilder. Das Ausfüllen solcher Arbeitsblätter ist schon eine gute Übung zum Lernen und Behalten. Viel besser ist es aber, solche Arbeitsblätter selbst zu gestalten. Wenn du ein Arbeitsblatt selbst entwirfst, dann musst du überlegen, was man alles zum Verstehen des Lernstoffs braucht. Und sobald du das überlegt und einen Plan zum Erklären des Lernstoffs entwickelt hast, hast du ihn selbst ganz besonders gut verstanden.

Sieh dir doch mal Arbeitsblätter, die du in der Schule in letzter Zeit bearbeitet hast, an und überlege, ob sie diesen Anforderungen genügen. Dann stell dir vor, du sollst einer Person, die von dem Thema noch gar nichts weiß, dieses Thema mit einem solchen Arbeitsblatt erklären und dafür sorgen, dass die Person auch übt. Du weißt ja, durch Üben kann man sich alles besser behalten.

Beim Entwerfen des Arbeitsblattes kannst du natürlich auch in deinen Schulunterlagen noch einmal zu dem Thema nachsehen, falls du dir bei einer Sache nicht sicher bist. Während du das machst, klebe ich fleißig Puzzleteile zusammen. Hinterher ist es gut, wenn du das Arbeitsblatt auch selbst ausfüllst. Damit überprüfst du, ob du es selbst kannst. Vermutlich wird dir das jetzt sehr leicht fallen. Aber wenn du noch nicht ganz sicher dabei bist, dann ist das auch nicht schlimm. Du kannst jederzeit in deine Unterlagen oder dein Schulbuch gucken.

Auch hier gilt: Probiere es möglichst bald einmal aus – am besten jetzt gleich! Das Erstellen von Arbeitsblättern ist eine prima Klassenarbeitsvorbereitung! Du kannst dir auch vorstellen, du wärst der Lehrer oder die Lehrerin und würdest die Klassenarbeit entwerfen. Stelle möglichst unterschiedliche Fragen oder Aufgaben zum Thema und versuche, sie selbst zu beantworten. Noch mehr Spaß macht das mit Freunden. Ihr könnt eure Arbeitsblätter austauschen und dann ausfüllen. Vielleicht möchtet ihr auch vergleichen, welches Arbeitsblatt besonders gut gelungen ist.

Die Lernkartei-Methode

Besonders schwierig finde ich manchmal das Wiederhervorholen von Vokabeln. Das gelingt mir vor allem dann nicht gut, wenn du sie nur aus dem Vokabelheft durch häufiges Wiederholen auswendig gelernt hast. Viel besser kann ich mir die Vokabeln merken, wenn du mit einer Lernkartei arbeitest. Dafür brauchst du erstmal einen Karteikasten mit fünf Fächern.

Die gibt es fertig zu kaufen – meist aus Plastik oder auch aus Holz. Wenn du ein guter Bastler bist und Sachen gerne selbst bastelst, kannst du dir den Karteikasten aber auch selbst basteln.

Nimm einfach einen Pappkarton, zum Beispiel einen Schuhkarton, und unterteile ihn mit vier Trennwänden, die du einklebst. So erhälst du fünf Fächer. Wichtig ist dabei, dass die Fächer nicht gleich groß sind, sondern das erste am kleinsten ist und die folgenden dann immer größer werden. Das fünfte und letzte Fach nimmt etwa die Hälfte des Karteikastens in Anspruch, das vierte die Hälfte von der Hälfte und so weiter. Wenn du Holz lieber magst als Pappe und gern mit Holz bastelst, kannst du natürlich auch einen Holzkasten nehmen und durch dünne Holzbretter unterteilen.

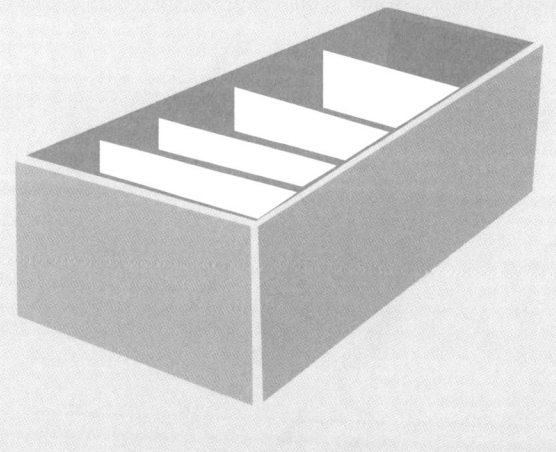

Als Nächstes brauchst du **Karteikarten**. Auch die gibt es fertig zu kaufen. Du kannst aber auch einfach einen großen Bogen Karton nehmen und daraus selbst kleine Karten schneiden. Entscheidend ist, dass die Karten dieselbe Breite haben wie dein Karteikasten – also dass sie genau hineinpassen. Für gekaufte Kästen gibt es immer auch die passenden Karten. Wenn du deinen Kasten selbst gebastelt hast, musst du die Karten eventuell entsprechend zuschneiden, damit sie passen.

■ Nun schreibst du auf jede Karte eine Vokabel. Auf die eine Seite schreibst du die Vokabel in der Fremdsprache und auf der Rückseite die Übersetzung.

■ Alle neuen Karten kommen in das erste Fach.

■ Dann testest du dich und probierst, die Übersetzung auswendig zu sagen oder zu schreiben. Alle Vokabeln, die du weißt, wandern in das zweite Fach, die anderen bleiben im ersten. So kannst du auf den ersten Blick sehen, wie viele der Vokabeln du schon kannst. Ich habe dir ja anfangs schon erzählt, wie motivierend es ist, wenn man seinen Erfolg sehen kann.

Lies noch mal in Band I, Kapitel 6 nach.

■ Am nächsten Tag unternimmst du mit den Karten im ersten Fach einen neuen Anlauf und wiederholst zudem die Karten aus dem zweiten Fach: Alle, die du kannst, wandern ins dritte Fach. Die anderen kommen zurück ins erste Fach.

■ Nach etwa einer Woche wiederholst du die Karten im dritten Fach: die Richtigen wandern ins vierte Fach, die Falschen ins erste Fach. Die Karten im vierten Fach wiederholst du nach etwa einem Monat: die Richtigen kommen ins fünfte, die Falschen ins Erste.

Und verstanden? Und wenn es im ersten Fach zu voll wird, dann merkst du ganz unübersehbar, dass du zu wenig lernst und etwas mehr Zeit dafür verwenden solltest, um wieder Platz zu schaffen.

Und willst du wissen, was mit den Karten im fünften Fach passiert? Die dürfen da erstmal ganz entspannt liegen bleiben. Nach etwa einem halben Jahr, spätestens nach einem Jahr, wiederholst du sie noch ein letztes Mal. Wenn du sie dann immer noch weißt, kannst du stolz auf dich sein, und davon ausgehen, dass du sie nun wirklich nie wieder vergisst. Du könntest sie dann wegschmeißen, oder aber in einer großen Kiste sammeln.

Wenn du dann ab und an in diese Kiste schaust und bemerkst, dass immer mehr und mehr Karten sich darin ansammeln, siehst du, wie dein Wissen immer mehr zunimmt – das ist sehr motivierend!

Ist dir etwas aufgefallen? Die Lernkartei-Methode funktioniert fast genauso wie mein eigenes Sortier- und Auslagerungssystem, das ich dir vorhin beschrieben habe – nur genau umgekehrt:

Je besser du die Dinge schon kannst, umso weiter hinten lagern sie und können irgendwann aussortiert werden, und alles was du noch nicht kannst, liegt ganz vorne.

 **TIPP**

Übrigens kannst du nicht nur Vokabeln, sondern für fast alle Fächer mit dieser Methode lernen. Zum Beispiel in Geschichte:

Auf die Vorderseite schreibst du ein Ereignis und auf die Rückseite die Jahreszahl, in der es passiert ist. Für Fremdwörter und Fachbegriffe eignet sich das auch gut. Auf die eine Seite schreibst du den Fachbegriff und auf die Rückseite die Definition oder Erklärung.

Hier ein paar Beispiele aus dem Deutschunterricht:

Beispiel 1: Vorderseite: **Fabel**; Rückseite: **Erzählung mit Tierfiguren, die menschliche Eigenschaften haben. Sie vermitteln Lehren, die man für das eigene Verhalten daraus ziehen soll.**

Beispiel 2: Vorderseite: **Adjektive**; Rückseite: **Eigenschaftswörter. Sie dienen dazu, Personen und Dinge genauer zu beschreiben und lassen sich wie Nomen flektieren (beugen)**

Beispiel 3: Vorderseite: **Synonym**; Rückseite: **Wörter mit gleicher Bedeutung (z.B. trödeln – bummeln, Armut – Not – Elend)**

Beispiel 4: Vorderseite: **Strophe**; Rückseite: **Gedichtabschnitt, der sich aus mehreren Versen zusammensetzt und durch einen Absatz von den folgenden Versen getrennt ist.**

Beispiel 5: Vorderseite: **Inhaltsangabe**; Rückseite: **Wiedergabe wesentlicher Erzählschritte statt Nacherzählung des Textes, weitgehender Verzicht auf Zitate, geschrieben im Präsens**

Beispiel 6: Vorderseite: **Innerer Monolog**; Rückseite: **Wiedergabe von Gedanken und Gefühlen einer Figur**

Beispiel 7: Vorderseite: **Metapher**; Rückseite: **eine Bedeutung wird auf einen anderen Zusammenhang übertragen (z.B. Nussschale → kleines Boot; auf etwas stehen → etwas mögen; die Blume blüht auf → in der zweiten Halbzeit blühte die Mannschaft auf)**

Wenn du sehr gerne mit dem Computer und dem Internet arbeitest, kannst du dir auch ein Lernkarteiprogramm für deinen Computer kaufen oder dich auf einer entsprechenden Internetplattform registrieren lassen und diese nutzen. .

Ich möchte dir aber auch noch eine Variante zur Lernkartei vorstellen, die mir zum Vokabeln lernen noch besser gefällt, weil man dabei so prima kreativ sein kann und so viel Spaß dabei hat:

Es geht darum, dass du dir beim Lernen möglichst schöne, lustige oder spannende Geschichten ausdenkst, in die du die Vokabeln einbaust. Wenn du in Kapitel 2 gut aufgepasst hast, dann weißt du sicher, dass man Dinge besonders gut lernt, wenn man sich gleich Beispiele dazu überlegt. Also, dann machen wir das doch gleich.

Übung

Ich nenne dir ein paar Vokabeln aus einer Sprache, die du ganz bestimmt nicht kennst. Und dann denkst du dir eine Geschichte dazu aus, mit der du die Vokabeln lernen möchtest. Hier sind die Vokabeln:

galadh	–	Baum
aduial	–	Dämmerung
lass	–	Blatt
renia	–	fliegen
habad	–	Schuh

Eine Geschichte dazu könnte so aussehen:

*„In der **aduial** (Dämmerung) kletterte ein Mädchen auf einen **galadh** (Baum). Es war schon sehr müde, hatte aber hoch oben im **galadh** (Baum) ein besonders schönes **lass** (Blatt) gesehen, das es aus der Nähe betrachten wollte. Beim Klettern wurde es aber so müde, dass es sich in eine Astgabel setzte und einschlief. Es träumte dort, es könnte **renia** (fliegen). Als es aufwachte, fand sie das **lass** (Blatt) auf ihrem **habad** (Schuh). Es war direkt darauf herabgefallen.“*

Die Geschichte könnte natürlich auch ganz anders sein. Denk dir am besten immer Geschichten aus, die dir gut gefallen und lass deiner Fantasie freien Lauf! Besonders gut ist die Geschichte, wenn du sie dir bildlich vorstellen kannst und die Vokabeln auch mehrfach darin vorkommen. Und: am besten sprichst du beim Geschichtenausdenken die Vokabeln laut aus. Du kannst die Geschichte auch aufschreiben und zu den Vokabeln ein kleines Bild malen, in dem die Vokabel dargestellt ist. Wenn du die Sprache, um die es geht, schon ganz gut beherrschst, dann kannst du dir auch die ganze Geschichte in dieser Sprache ausdenken. Das bringt ganz besonders viel und ist die beste Möglichkeit zum Vokabelnlernen.

Außerdem kannst du Vokabeln aber auch sehr gut mit der Loci-Methode lernen, die ich dir in Kapitel 2 erklärt habe. Die beste Lernmethode für Vokabeln ist, sie einfach so oft wie möglich zu benutzen. Ob das in Geschichten geschieht, die du dir ausdenkst, oder in einem Gespräch, in einem Brief oder Ähnlichem, das ist egal.

Vielleicht fragst du dich, ob es eigentlich wichtig ist, wann man den Lernstoff wiederholt und übt. Und tatsächlich ist der Zeitpunkt der Wiederholung wichtig. Am besten ist es immer, die Dinge möglichst bald, nachdem sie einem das erste Mal begegnet sind, zu wiederholen. Also, wenn deine Eltern dich das nächste Mal fragen, wie es in der Schule war, dann versuch doch ruhig mal, aus dem Kopf zu erzählen, was du Neues gelernt hast. Das ist eine prima Methode zur Wiederholung! Wenn du es aus dem Kopf nicht mehr zusammen kriegst – kein Problem, dann schau noch einmal ins Buch oder in deine Unterlagen und erzähle dann weiter.

Nun kann ich endlich den fiesen Knoten aus meiner Gehirnwindung entfernen, der mich schon die ganze Zeit zwickt. Denn zum Vergessen weißt du jetzt erstmal genug.

Du hast im letzten Kapitel eine Menge über das Üben, Lernen und Vergessen gelernt. Um gut lernen zu können, brauchst du aber nicht nur gute Lerntechniken, sondern noch etwas: regelmäßige Pausen.

Über diese Pausen erzähle ich dir jetzt mal ein paar Sachen, denn sie sind sehr wichtig. Ohne Pausen funktioniert das Lernen gar nicht gut. Du kennst das sicher von den Muskeln in deinem Körper: Wenn du die stark belastest, zum Beispiel wenn du etwas sehr Schweres trägst, dann geht das nur eine kurze Weile gut, danach musst du eine Pause machen. Deine Muskeln machen dir sehr unmissverständlich klar, wann sie eine Pause brauchen: Sie beginnen zu kribbeln und zu brennen und ihre Kraft lässt nach. Spätestens wenn sie richtig anfangen zu schmerzen, gönnst du ihnen dann schon eine Pause. Ganz ähnlich geht es mir: Wenn du etwas lernst oder übst, dann ist das für mich wie Leistungssport. Ich muss sehr schnell Puzzleteile formen, vergleichen und zusammensetzen. Das macht mir – du weißt es – riesigen Spaß, aber ich muss ziemlich schnell sein. Denn wenn du lernst oder übst, dann bekomme ich von dir ständig sehr viele Informationen, aus denen ich erst Puzzleteile formen muss, und die will ich dann auch möglichst schnell wegpuzzeln. Deshalb brauche ich ganz regelmäßig mal eine Pause. In

123

dieser Pause sitze ich allerdings nicht da und entspanne mich – oh nein! Ich puzzle dann fleißig weiter und sortiere fertige Puzzles in mein Lagerhaltungssystem ein. Allerdings schalte ich dazu die Informationen, die von dir kommen, einfach aus, wenn es mir zu viel wird. Ich höre dir dann sozusagen nicht mehr zu. Wenn ich zu viele noch uneingebaute Puzzleteile habe, dann setze ich meine Kopfhörer auf und puzzle erstmal diese Teile weg. In dem Moment kann ich keine neuen Teile gebrauchen. Und damit ich gar nicht erst in die Versuchung komme, gleichzeitig doch noch neue Teile zu produzieren, nehme ich den Kopfhörer, setze ihn auf und habe meine Ruhe. Und erst wenn ich wieder Ordnung habe, setze ich meinen Kopfhörer wieder ab und bin bereit für neue Informationen von dir.

Du möchtest jetzt sicher wissen, was mit den ganzen Informationen passiert, die ich nicht mitbekommen habe, weil ich die Kopfhörer aufhatte? Die Antwort ist: nichts.

Mit denen passiert gar nichts. Sie sind einfach weg. Es ist so, als ob du dich gar nicht mit ihnen beschäftigt hättest. Manchmal kann man während meiner Kopfhörerphasen sogar mitbekommen, wie Gelerntes verlorengeht.

Vielleicht hast du es schon mal bemerkt, zum Beispiel beim Lesen. Und das geht dann ungefähr so:

Du liest so vor dich hin und liest und liest und liest. Und irgendwann kommt dir etwas komisch vor und du merkst, dass du gerade nicht so konzentriert warst, obwohl du gelesen hast. Und dann schaust du dir die letzten Zeilen an, die du gelesen hast, und sie kommen dir komplett fremd vor. So, als wenn du sie noch nie gelesen hättest. Dabei hast du sie gelesen, gerade eben. Aber du kannst dich gar nicht daran erinnern. Hattest du das schon mal?

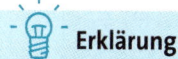 **Erklärung**

Dann habe ich, während du gelesen hast, kurz meine Kopfhörer aufgesetzt und schnell Teile weggepuzzelt. Davon hast du wahrscheinlich gar nichts bemerkt.

Genaugenommen hast du dir in dieser Zeit auch nichts gemerkt. Das wiederum merkst du zumindest beim Lesen und must dann leider noch einmal lesen. Daher ist es viel besser, regelmäßig Pausen zu machen, damit so etwas gar nicht erst passiert.

Du möchtest jetzt sicher wissen, wie oft du eine Pause machen solltest, damit ich nicht immer während deines Lernens mit den Kopfhörern dasitze, oder?

Ganz genau kann ich dir das nicht sagen, das hängt davon ab, wie viele neue Informationen ich beim Lernen verarbeiten muss. Wenn der Lernstoff sehr schwierig ist und sehr viel Neues enthält, brauche ich öfter eine Pause als bei nicht so schwierigem. Aber diese Grundregeln sind ein guter Anhaltspunkt für dich: Immer nach fünf bis zehn Minuten Lernen brauche ich eine kurze Unterbrechung, die etwa eine Minute dauert. Du kannst während dieser Unterbrechung gut einen Schluck trinken, kurz aus dem Fenster sehen, dich mal so richtig strecken oder Ähnliches. Dann kann es wieder weitergehen. Nach insgesamt dreißig Minuten Lernen brauche ich eine richtige kleine Pause. Sie sollte schon fünf Minuten dauern. In dieser Pause ist es gut, wenn du dich vom Schreibtisch wegbewegst. Vielleicht möchtest du auch eine Kleinigkeit essen oder dir etwas Frisches zu trinken holen.

Nach eineinhalb Stunden am Schreibtisch solltest du eine richtig ausgiebige Pause machen, die fünfzehn bis fünfundzwanzig Minuten dauert und in der du dich vor allem bewegst, am besten an der frischen Luft. Danach kannst du noch einmal eine halbe oder höchsten eine ganze Stunde am Schreibtisch sitzen, viel mehr sollte es aber wirklich nicht sein! Und auch dann die kurzen Pausen nicht vergessen. Zu lange am Schreibtisch zu sitzen, ist nicht gut und es motiviert dich auch gar nicht. Auf der folgenden Seite kannst du in der Skala deine Pausenplanung einzeichnen:

Es ist also gut, wenn du beim Hausaufgabenmachen eine Uhr in der Nähe hast, auf die du ab und zu sehen kannst und so deine Pausen einhältst. Das soll aber nicht heißen, dass du dich sekundengenau daran halten musst! Die Zeiten, die ich dir genannt habe, sind nur ungefähre Angaben. Am besten achtest du darauf, wann dir nach einer kurzen Unterbrechung oder Pause ist – und machst diese dann auch. Wenn du gut aufpasst, dann merkst du, wenn ich den Kopfhörer aufsetze. Dir „brummt" dann meist schon der Kopf und du hast auch das Gefühl, dass es ein bisschen viel wird, was du so an Informationen bekommst.

Du möchtest noch wissen, was ich eigentlich über meinen Kopfhörer höre, wenn ich ihn aufsetze? Ach, mit der Frage hatte ich gar nicht gerechnet. Weil die Antwort für mich sonnenklar ist: Ich höre Nichts! Ich liebe Stille! Den ganzen Tag verarbeite ich ständig irgendwelche Geräusche, die du hörst, zu Puzzleteilen. Ich bin froh, wenn ich mal gar nichts höre. Und: Ich habe mich schon oft gefragt, warum man eigentlich die Ohren nicht genauso zumachen kann, wie man die Augen zumacht. Ist das nicht seltsam? Du kannst dich zwar dazu entschließen, die Augen zuzumachen und dir irgendetwas nicht anzusehen. Aber beim Hören geht das nicht! Weghören ist fast unmöglich! Naja, und deshalb bin ich immer froh, wenn auch du dich ab und zu an Orten aufhältst, an denen ich nicht beschallt werde. Besonders gut ist es, wenn du beim Lernen und Üben eine Atmosphäre schaffst, in der es möglichst ruhig ist. Denn sobald du nebenbei noch Musik hörst oder sogar ein Hörspiel, muss ich dafür auch Puzzleteile herstellen – zusätzlich zu denen, die ich zum Lernstoff herstelle. Umso leichter kann es natürlich passieren, dass ich einige Puzzleteile zu dem Lernstoff in der Eile nicht einbauen kann. Oder ich schmeiße aus Versehen alle Puzzleteile zusammen und die passen dann gar nicht zueinander. Und das kommt dem Vergessen ganz schön nahe ...

Allerdings – das muss ich zugeben – kann das Musikhören beim Lernen unter bestimmten Voraussetzungen ganz hilfreich sein.

Musik wirkt auf eine ganz bestimmte Region in mir, man nennt diese Region das „Belohnungszentrum". Wenn diese Region aktiviert wird, zum Beispiel durch Musik, dann fühlen wir uns besonders gut. Und wenn wir uns besonders gut fühlen, dann können wir auch besonders gut lernen. Bei manchen Menschen ist diese Wirkung von Musik auf das Belohnungszentrum besonders stark ausgeprägt. Wenn das bei dir so ist, dann fühlst du dich gleich viel besser, sobald du Musik hörst. Dann kann es für dich sinnvoll sein, beim Lernen Musik zu hören. Allerdings muss ich hier noch dazu sagen, welche Musik dazu geeignet ist: Also, die Musik sollte möglichst ruhig sein, keinen hervorstechenden Rhythmus haben – also keine Beats. Außerdem sollte sie keinen Gesang in einer Sprache haben, die du verstehst.

Warum sollst du lieber Musik ohne Gesang beim Lernen hören?

Also, das ist so: Wenn ich Musik in einer Sprache höre, die ich kenne, dann muss ich einfach mitsingen! Ich kann nicht anders! Es dauert keine drei Sekunden und ich vergesse alles um mich herum und singe lauthals mit! Das Puzzeln klappt dann nicht mehr so prima. Also: kein Gesang. Oder Gesang in einer Sprache, die ich nicht verstehe.

Noch ein Tipp:

 **TIPP**

Du solltest die Musik auch möglichst leise machen.

Schreibe doch hier gleich einmal deine Lieblingslieder oder Lieblings-CDs auf, bei denen du dich gut fühlst und gut lernen kannst:

So, und jetzt noch mal zu den Pausen: In deinen Pausen kannst du alles Mögliche machen, besonders gut ist immer Bewegung. Nur lass mich in dieser Zeit möglichst mit neuen Informationen in Ruhe. Am wenigsten bekommt mir Fernsehen, Computerspielen, ein spannendes Buch lesen oder auch Chatten mit Freunden.

Wenn du das in meinen Pausen machst, dann hilft selbst mein Kopfhörer nicht, die Informationen kommen trotzdem bei mir an und ich stelle neue Puzzleteile dazu her. Die angefangenen Teile vom Lernen zuvor bleiben einfach liegen und ich muss sie später wegwerfen. Das heißt für dich: Wenn du in deinen Lernpausen oder direkt nach dem Lernen am Computer spielst, fernsiehst, ein sehr spannendes Buch liest oder chattest, dann ist es sehr wahrscheinlich, dass du das Gelernte gleich wieder vergisst und dir stattdessen Einzelheiten aus dem Computerspiel, der Fernsehserie, der Geschichte im Buch oder aus dem Chat merkst.

Deshalb warte nach dem Lernen noch eine Weile und gönne mir noch fünfzehn oder zwanzig Minuten zum Wegpuzzeln. Danach kannst du dich dann auch gerne an den Computer, vor den Fernseher oder hinter dein Buch setzen.

Was du stattdessen machen kannst, erfährst du in Band III, Kapitel 4.

Du siehst: Zum Lernen braucht man unbedingt Pausen. Denn während du die Pause machst, sorge ich dafür, dass die Informationen aus dem Lernstoff gut miteinander verbunden und gespeichert werden. Man kann also auch sagen, dass ein großer Teil des Lernens in den Pausen stattfindet.

Und das ist noch nicht alles! Du wirst es vielleicht nicht gleich glauben, aber ein weiterer wichtiger Teil des Lernens findet im Schlaf statt. Es stimmt tatsächlich, jeder lernt im Schlaf – und das jede Nacht. Während du schläfst, hole ich die Puzzles des vergangenen Tages noch einmal hervor. Ich sehe sie mir noch einmal in Ruhe an und überprüfe, ob alle Teile auch richtig passen und gut miteinander verbunden sind. Manche der Teile klebe ich auch gleich fest. Vielleicht baue ich auch noch das eine oder andere übrig gebliebene Teil ein, zu dem ich zwar zuvor schon aus dem Augenwinkel gesehen habe, wo es hingehört, aber noch nicht dazu gekommen bin, es einzubauen.

Zu solchen Dingen habe ich nachts Zeit, wenn du schläfst und deshalb so gut wie keine Informationen von dir bei mir ankommen. Ich muss also in dieser Zeit keine neuen Puzzleteile herstellen, sondern kann mich um die kümmern, die ich schon habe. In dieser Zeit sorge ich für Stabilität in den Puzzles, die schon zusammengebaut sind, so dass sich möglichst keine Teile aus Versehen daraus lösen können oder sogar ein ganzes Puzzle wieder auseinanderfällt.

Die meisten Dinge, die du gelernt und geübt hast, kannst du nach einer Nacht Schlaf am nächsten Morgen besser als am Abend zuvor. Das gilt natürlich nicht nur für die Dinge, die du in den Hausaufgaben geübt hast: Auch was du dem Sporttraining, beim Üben eines Instruments oder auch bei einem Computerspiel gelernt hast, verfestige ich nachts. Da ich, während du schläfst, aber nicht nur mit der Puzzlepflege beschäftigt bin, sondern mich auch noch um dein Wachstum, deine Gesundheit und einige andere Dinge kümmere, ist es wichtig, dass du genug schläfst. Neun bis zehn Stunden sollten es schon sein, damit ich mit all meinen Aufgaben fertig werde.

Und wenn du etwas übst, zum Beispiel für eine Klassenarbeit, dann ist es gut, wenn du dieses Üben auf mehrere Tage verteilst und dazwischen immer gut schläfst. Der Versuch, sich am Nachmittag oder gar am Abend vor der Klassenarbeit alle wichtigen Informationen auf einmal „reinzuprügeln", funktioniert nie. So gut kannst du gar nicht schlafen, dass ich das alles auf einmal wegpuzzeln könnte! Naja, und Spaß macht das ja auch nicht. Also, lass das lieber bleiben, fang rechtzeitig mit dem Lernen an und verwende die Lernmethoden, von denen ich dir in Kapitel 2 und in Kapitel 3 berichtet habe. Aber der absolute Königsweg ist natürlich, gar nicht „für Klassenarbeiten" zu lernen, sondern immer die spannenden Themen des Lernstoffs für sich zu entdecken und dann aus Interesse zu lernen! Wenn du dich für ein Thema begeisterst, brauchst du an nerviges Pauken gar nicht zu denken.

Und ich habe auch nichts dagegen einzuwenden, wenn du nach der Schule ein Mittagsschläfchen einlegst. Ganz im Gegenteil! Dann fange ich da schon mal an, das Gelernte aus der Schule wegzupuzzeln. Wenn du dich dann nach dem Schläfchen an die Hausaufgaben machst, fallen sie dir leichter als ohne Mittagsschlaf. Der muss übrigens nicht mal besonders lang sein, damit er etwas bringt. Es reicht schon, wenn du dich eine halbe Stunde aufs Ohr legst. Und du brauchst auch nicht tief und fest zu schlafen. Wenn du dich hinlegst, die Augen schließt und etwas ruhige Musik hörst, ist das besser als nichts. Du kannst dann auch viel entspannter und ausgeruhter in den Nachmittag starten.

Manche Menschen haben abends Probleme mit dem Einschlafen und fühlen sich, wenn es Zeit zum Zubettgehen ist, gar nicht müde. Wenn es dir auch manchmal so geht, dann versuche, abends eine Stunde vor dem Schlafengehen nicht mehr fernzusehen, am Computer zu spielen oder irgendwas Spannendes zu unternehmen. Auch lernen solltest du dann nicht mehr. Entspanne dich bei einem netten Buch oder Comic, sieh dir eine Zeitschrift an oder höre schöne und ruhige Musik. Vielleicht überlegst du, was du am nächsten Tag anziehen möchtest und legst dir die Anziehsachen schon raus. Dann musst du am Morgen nicht mehr darüber nachdenken. Vielen Menschen hilft es auch beim Einschlafen, vorher noch eine heiße Milch, einen Kakao oder einen leckeren Tee zu trinken. Danach ist dann aber noch Zähneputzen angesagt. Und essen solltest du direkt vor dem Schlafen nichts mehr, sonst muss ich mich nachts auch noch um den Magen kümmern und ihm die richtigen Signale für seinen Verdauungsjob zukommen lassen. Dabei habe ich auch ohne den schon genug zu tun.

9 Lernstrategien – Runde 2: Was hat sich getan?

Na – hast du gut geschlafen und geträumt letzte Nacht? Vielleicht hast du ja auch schon mal geträumt, du könntest alles und wüsstest alles, was es zu wissen gibt. Aber soll ich dir was sagen? Träume werden öfter wahr, als man denkt, wenn du sie nur immer klar vor Augen hast, darauf hinarbeitest – und zwar in kleinen, überschaubaren Schritten. Ich bin schon ganz gespannt darauf, was sich verändert hat. Du hast ja fleißig Lernstrategien geübt und Lerntechniken trainiert in den letzten Wochen, darauf kannst du stolz sein! Und soweit ich das hier oben mitbekomme, läuft das alle schon deutlich besser. Aber schauen wir uns das doch mal genauer an.

Fülle die Tabelle auf der nächsten Seite wieder offen und ehrlich aus und vergleiche dann mit der ersten Tabelle in Kapitel 1, um deine Fortschritte zu erkennen.

👉 TIPP

Wenn du die Lernstrategien in Zukunft noch weiter einüben und verbessern willst, dann kann es sinnvoll sein, dass du diese Tabelle in einigen Monaten noch ein drittes oder auch viertes Mal ausfüllst, um deine Fortschritte sichtbar zu machen. Deshalb kannst Du die Tabelle auch Downloaden unter www.kleiner-lernbegleiter.de.

	Aber total! Daran besteht kein Zweifel.	Ja, das kann ich schon mit gutem Gewissen behaupten.
Ich weiß, welcher Lerntyp ich bin und wie ich mir etwas besonders gut merken kann.		
Ich kenne verschiedene Lerntechniken, -strategien, -methoden und wende sie an.		
Ich kann Mindmaps erstellen und damit lernen.		
Ich lasse mich beim Arbeiten und Lernen nicht ablenken (z.B. durch Anrufe, SMS, Internet, Fernsehen, Geschwister).		
Ich kann mir meinen Nachmittag gut einteilen, so dass genügend Zeit zum Lernen und auch für Pausen bleibt.		
Ich weiß, wie es mir beim Lernen geht, und ich kann das auch gut in Worte fassen.		
Ich wiederhole das Gelernte nie, weil ich weiß, was ich tun muss, damit mein Gehirn eine Information wiederholt.		
Ich kann den Inhalt von Texten gut zusammenfassen und das Wesentliche wiedergeben.		
Ich kann Unterschiede beim Vergleich von Texten schnell und genau benennen.		

Stimmt immerhin manchmal ein wenig.	Wenn ich ehrlich bin: eher nicht!	Wäre schon ein bisschen gelogen, wenn ich das behaupte.	Wen meinen die? Mich garantiert nicht!	*Mehr dazu verrat ich dir in Band/ Kapitel*
				I/5
				II/2
				II/2
				III/5
				II, 8; III, 3; III, 5
				II, 5
				II, 7
				II, 3
				II, 3

Vergleiche nun die erste Tabelle in Kapitel 1 mit dieser hier! Welche Veränderungen sind sichtbar? Notiere alle deine Fortschritte. Und lobe dich dabei für alles, was du erreicht hast. Du weißt ja, sich loben ist erlaubt und erwünscht!

Falls es noch Punkte gibt, die du noch weiter verbessern kannst und willst, markiere diese Punkte in der Tabelle mit einem Textmarker in deiner Lieblingsfarbe.

Wann willst du das nächste Mal die Tabelle ausfüllen, um deine Fortschritte zu untersuchen? Schreibe ein Datum in die nächste Zeile.

Was möchtest du ändern und erreichen? Formuliere deine Ziele so, dass du nach Erreichen des festgelegten Datums ganz eindeutig sagen kannst, ob du das Ziel erreicht hast oder nicht.

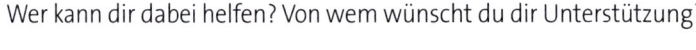

Wer kann dir dabei helfen? Von wem wünscht du dir Unterstützung?

Womit wirst du dich belohnen, wenn du das Ziel erreichst?

Auch wenn der Band II nun zu Ende ist, kannst du weiter deine Lernstrategien trainieren und Lerntechniken anwenden. Wir beide werden uns auch garantiert nicht aus den Augen verlieren, sondern weiterhin viel miteinander reden, Spaß haben und zusammenarbeiten. Und uns vielleicht auch weiter schreiben und lesen, denn es gibt ja noch einen dritten Band des „Kleinen Lernbegleiters". Ich würde mich freuen, wenn wir uns in Band III wiederhören. Dann könnten wir nämlich genau da weitermachen, wo wir jetzt gerade stehen. Denn gute Lernstrategien sind nur die halbe Miete; um richtig erfolgreich durch die Schule und durchs Leben zu kommen, ist es genauso wichtig, dass du dich gut organisieren kannst. Darum erzähle ich dir im dritten Band zum Beispiel, wie du dir deine Arbeit und deine Zeit gut einteilst, damit du auch immer alles gut schaffst, ohne etwas zu vergessen und ohne unter

Zeitdruck zu geraten. Ich gebe zu: Ich verzettele mich ja auch ganz gern mal und lass' mich gern ablenken von den sogenannten „Zeitdieben". Wie du sie erkennst und vor allem, wie wir uns gemeinsam vor ihnen schützen können, davon handelt der dritte Band.

Und falls du den ersten Band vom „Kleinen Lernbegleiter" noch nicht gelesen hast, kann ich dir den auch empfehlen. Da erfährst du nämlich nicht nur, welcher Lerntyp du bist, sondern auch, wie du dich motivieren und auf etwas konzentrieren kannst – und das ist schließlich die Grundvoraussetzung für alles, was mit Lernen zu tun hat.

Also, ich würde mich freuen, dich bald wiederzusehen und von dir zu hören! Bis dann.

Das Motivationsgeheimnis

Erkenne deinen Lerntyp

Im **Band I** der Reihe „Der kleine Lernbegleiter" erklärt das Gehirn „Brummi" in neun Kapiteln, was Lernen überhaupt ist, erzählt, wie man sich besser konzentrieren kann und zu welchem Lerntyp man zählt. Denn jeder lernt auf eine bestimmte Art und Weise besser. Anhand zahlreicher Tipps erfahren die jungen Leserinnen und Leser mehr über sich selbst. Das hilft und führt zum Erfolg.

Und nicht nur das. Auch dieser Band verspricht wieder viele Möglichkeiten zum Mitmachen, mit Erklärungen , Tipps 👉 und Übungen 🌀.

Der kleine Lernbegleiter, Band 1:
Das Motivationsgeheimnis
Erkenne deinen Lerntyp
ISBN 978-3-89974661-7
132 Seiten, € 12,80

**WOCHEN
SCHAU
VERLAG**

Band I — AB 10 JAHREN — Erfolgreich Selbstlernen FÜR ALLE FÄCHER

Erfolgreich lernen zu Hause

Zeitplanung und Selbstorganisation

Im **Band III** des kleinen Lernbegleiters erklärt dir Brummi, was du zu Hause tun kannst, um besser zu Lernen. Damit das klappt, gibt Brummi Tipps, wie man seine Zeit plant, seinen Schreibtisch in Ordnung hält und wie man mit Zeitdieben wie Computer und Fernsehen umgeht.

Mit vielen Möglichkeiten zum Mitmachen, mit Erklärungen 💡, Tipps 👉 und Übungen ◎.

Der kleine Lernbegleiter, Band 3:
Erfolgreich lernen zu Hause
Zeitplanung und Selbstorganisation
ISBN 978-3-89974668-6
128 Seiten, € 12,80

WOCHEN SCHAU VERLAG

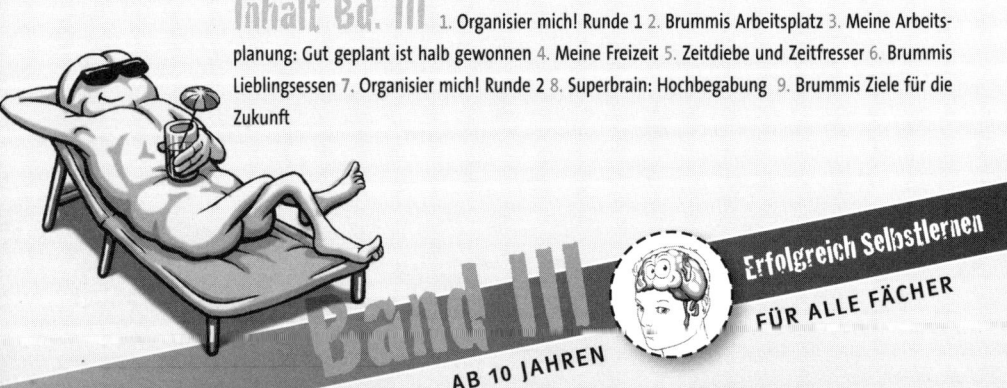

Band III
AB 10 JAHREN
Erfolgreich Selbstlernen
FÜR ALLE FÄCHER